# QUEEN
# 溫莎王朝

誕生與傳承，你所不知道的英國皇室秘辛

Lisa Huang——著

# 目錄

# 溫莎王朝的時代臉孔

1910/5/6 — George V | Mary of Teck

1936/1/20 — Edward VIII

1936/12/11 — George VI | Elizabeth

1952/2/6 — Elizabeth II | Prince Philip

2022/9/8（現任）— Charles III | Diana | Camilla.

William | Catherine

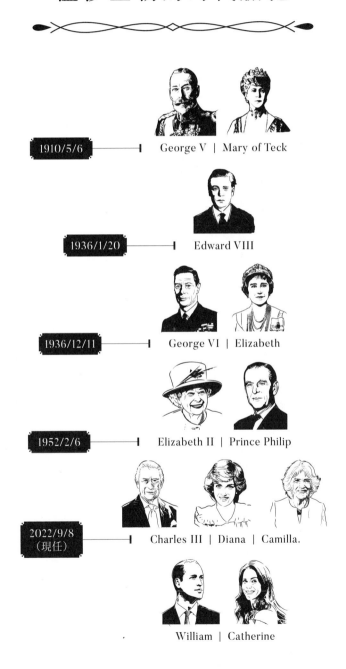

# 自序

伊莉莎白女王登基六十周年鑽禧紀念（Diamond Jubilee）時，很幸運在倫敦見證到數百萬英國人民自動自發走出家門參加各式慶祝活動的瘋狂。更幸運的是那年德比賽馬會（Derby Horserace）也是慶祝活動之一，早早買好票要去幫女王慶祝。在賽程中，當群眾聚集在圈場觀看要出賽的馬兒時，人聲鼎沸的馬場在九點鐘方向的人群突然安靜下來，只看到每個人都拿出手機狂拍。正納悶發生什麼事？就看到女王和菲利浦親王慢慢地從皇室包廂走到圈場中央認真地看著這些馬。女王陛下真的天生自帶光芒，個兒不高的她好像一顆恆星，身邊的人都繞著她轉。而我簡直不敢相信女王就在離我二十步不到的地方！

再見到女王是排了近十一個小時的隊伍，進入西敏寺瞻仰遺容。西敏寺內非常肅穆莊嚴，女王的靈柩停放在正中央，民眾從兩邊依序到靈柩旁致敬，不時可以聽到啜泣聲傳來，一向對情感很克制的英國人在女王面前再也隱忍不住。靈柩上代表王權的帝國皇冠上數千顆鑽石的光芒耀眼，但我感覺到卻是皇冠下千斤重擔的重責大任。萬般不捨女王離去的同時，也替她鬆了一口氣，工作一輩子的女王終於可以卸下重責，與菲利浦親王在天上相聚。

女王在替國家替人民服務七十年後，數十萬民眾走上街頭向她致敬，感覺很合理。但七十年前加冕大典時也是萬人空巷，當時沒人知道二十六歲的年輕女王會不會是位好君主，但民眾依舊走上街頭歡欣鼓舞地迎接新君主。這些自動自發支持君主、擁護皇室的舉動，很難想像會發生在一個現代民主國家。

英國皇室到底有怎樣的魅力？或是怎樣的魔法？不只成功吸引自家民眾的注意力外更是全球知名度最高的皇室。即便在台灣，不管你是哪個世代，都會有屬於你的皇室偶像；不管你關不關心英國皇室，也總能講上一兩件皇室八卦。

「英國皇室」這間千年企業到底為何沒有在時間的洪流裡被淘汰？在超高人氣的女王離世後，英國皇室又會面臨怎樣的考驗？在倫敦居住近二十年，日積月累的觀察加上梳理浩如煙海的資料後，不得不承認英國皇室跟我當初想像的非常不一樣。花費許多氣力與時間寫下《Queen 溫莎王朝：誕生與傳承，你所不知道的英國皇室秘辛》，希望能帶給喜歡皇室的你一些不同的觀點；也希望用這本書向尊敬的伊莉莎白女王致敬。

# 推薦序

瑋苑（Lisa）在輔大日文系求學期間因課業需求大量閱讀日本古典文學及現代文學作品，受到這些作家的啟蒙，即便移居倫敦，她還是保有隨筆寫文章的好習慣。移居倫敦數十年的她總是用好奇的雙眼觀察英國社會文化現象，在倫敦金融圈就職多年後斜槓出版《微醺倫敦》介紹英國荒誕與優雅並存的飲酒禮儀，品酒與拼酒兼俱的英倫風範。

對英國文化很有獨到見解的她這次的寫作主題是全球討論度很高的英國皇室。《Queen 溫莎王朝：誕生與傳承，你所不知道的英國皇室秘辛》（The House of Windsor）是第一本由華人撰寫的英國皇室書籍，Lisa 除了想讓更多讀者了解英國皇室外，也想透過本書向伊莉莎白女王致敬，女王的生平成就、政治貢獻與社會影響都完整地在書裡呈現。

書裡詳盡地介紹溫莎王朝自一九一七年成立以來的發展歷程，展示各位君主及其家族成員的生平與成就。作為專業英國文化書籍，本書具有豐富的細節和專業性，能讓讀者深入瞭解英國皇室。在講述皇室故事的同時，Lisa 也對有爭議的艾伯凡鎮事件、戴安娜採訪事件、女王與柴契爾夫人衝突事件進行客觀評價，展示皇室成員在面對挑戰時的堅持和成長，這種平衡的視角彰顯出她解讀英國文化的深厚功力也給讀者帶來皇室新見解和觀點。

伊莉莎白女王是當代最傑出的領導者之一，在位期間曾有多次具有歷史意義的國事出訪。一九八〇年十月十七日女王拜訪教皇約翰保祿二世，是歷史上首位訪問梵蒂岡的英國君主。過去幾百年英格蘭教會和羅馬天主教會之間血腥戰役不休，劍拔弩張的關係也在女王這次訪問中譜出和諧的終章。主動向梵蒂岡教廷遞出橄欖枝也顯示出伊莉莎白女王的氣度非凡。

《Queen 溫莎王朝：誕生與傳承，你所不知道的英國皇室秘辛》有許多像這樣的歷史故事，是本學術價值和可讀性都極高的著作。書裡有許多章節的描述細緻，可為讀者提供深入瞭解英國皇室歷史和其在英國社會、政治及文化中所扮演的角色。閱讀此書時，深刻感受到 Lisa 在撰寫時投入大量的研究和時間，才能如此化繁為簡，將皇室的底蘊用淺顯易懂的方式表達出來。能將英國皇室故事以台灣人的視角呈現，是非常有意義的一件事。如果你對英國皇室感興趣，這本書絕對會讓你愛不釋手。

謝邦昌

天主教輔仁大學—副校長
輔大 AI 人工智慧發展中心—主任
台灣人工智慧發展學會（TIAI）—理事長
輔大商學研究所博士班—教授

# 溫莎王朝的歷史演義

英國影視作品裡有一種突出的類型，稱為「歷史遺產片（Heritage Film）」。簡單定義該類型，是以二次世界大戰前為時間範疇，從英國貴族或王室等範圍尋找題材，講述不同的故事；其定義後來也放大至所有闡述過去的「時代劇」，製作公司也未必限於英國。雖然有批評者認為，歷史遺產片常會將「過去」予以美化，並且以布爾喬亞、貴族等階級為主要的描述對象，而忽略真實的庶民生活。但從產業的角度來說，觀眾對於其所描述的內容，或以奇觀、或以茶餘飯後的角度觸及，並且以劇中精美的陳設和遙不可及的生活模式，營造普羅大眾的想像空間，是為娛樂休閒的談資，成為票房保證題材。

歷史遺產片所欲達成的主要目的並非「歷史研究」，多數的作品比較像是對歷史的「演義」，而演義的過程多半擷取歷史事件裡具有戲劇張力的片段加以轉譯，變成影視創作；其結果雖然偶有爭議，但觀眾依然津津樂道，以已故女王伊莉莎白二世為故事軸心的電視劇《王冠（The Crown）》（二〇一六～二〇二三）即是一例。女王尚在世時，各方總愛揣想其本人對於劇中所述部份情節的反應，也引出政府閣員對於劇情可能誤導社會大眾瞭解「史實」的擔憂之意。但回到歷史研究與演義，兩者所想觸及的受眾和對待歷史本體所切入的角度應當不同，或許說，當能夠高度「再現」我們眼睛所見的影視媒介，運用歷史為素材說故事時，其再現的不必然是歷史研究，而是創作者觀點的展現和歷史的交談，並且邀請觀眾能關注歷史，甚至開啟進一步嚴肅探問歷史的興趣。

雖然都可以視為是對歷史的演義，閱讀《Queen 溫莎王朝：誕生與傳承，你所不知道的英國皇室秘辛》的經驗和觀看電視劇《王冠》截然不同。在書中，移居英國多年的作者 Lisa 化身「說書人」，在爬梳歷史資料、媒體報章等訊息之後，將溫莎王朝各位要角中，已成為過去式、或仍為現在進行式者的生命的起伏，時而莊重時而戲謔，插科打諢娓娓道來，並添入她對於英國文化、社會發展的觀察，鋪陳成為書中的時間軸，與貫穿全書的主角伊莉沙白二世女王一生轉折疊合。本書前幾篇章像是對溫莎王室背景的「史普」，但走筆愈近「現在」，則更像作者對英國王室愛恨情仇的展現，帶領讀者走向白金漢宮，一同關心這個高度具國家象徵意義，但家務事又常與肥皂劇內容高度相仿的王室家族。

一九七〇年代英國 ITV 製作的系列電視劇《Upstairs, Downstairs（樓上，樓下）》（一九七一～一九七五），以倫敦市中心貴族豪宅為場景，虛構故事於一九〇三到一九三〇年間，住在「樓下」的僕傭和「樓上」貴族家庭之間，帶階級鴻溝又相互依存的微妙互動，並點出英國貴族因為社會型態的轉變導致其傳統地位日漸趨微；「樓下」對於「樓上」的批判，是劇集中饒富趣味的部份。該劇的主創概念也在日後轉製為舞台劇、電視劇、電影等，是智慧財產（Intellectual Property; IP）加值運用的成功範本。《Queen 溫莎王朝：誕生與傳承，你所不知道的英國皇室秘辛》一書也仿佛從「樓下」望向「樓上」，照見英國王室在不同時代於社稷之中扮演的角色轉變，以及人民看待王室的質變。另一方面，本書與所有其他以王室為背景的作品，也展現庶民對可稱之為英國最值錢「IP」的另類詮釋權。

陳斌全

作者為電影學者，曾任國家電影中心執行長，
現為文化部駐英國代表處文化組組長

HOUSE OF WINDSOR

# 溫莎王朝誕生

如果你是喬治五世，你會讓有生命危險的表弟一家逃到英國，但自家的溫莎王朝很有可能受波及？還是為了保住溫莎王朝對表弟一家見死不救？人生很難，因為很多時候的身不由己。於公，沒有什麼比溫莎王朝世代相傳更重要；於私，身受危難的可是從小一起玩到大的表弟哪！欲戴皇冠，先承其重，皇冠下不但有沉重的責任還需要穎悟的智慧面對各式各樣的難題，走錯一步就有可能讓王朝陷入萬劫不復的深淵……

一九一七年俄國爆發二月革命，羅曼諾夫王朝（House of Romanov）的最後沙皇尼古拉二世被迫退位，和家人被軟禁在托博爾斯克（Tobolsk）。此時，尼古拉二世想起了感情甚篤的表哥英國國王喬治五世。

尼古拉二世寫信向英國申請政治庇護，希望能帶著家人逃離俄國前往英國。他很快地得到回覆，歡迎他們前往英國。就在載著沙皇一家的火車即將啟程之際，俄國臨時政府收到英國首相的快信表示英國政府改變心意，無法提供沙皇政治庇護。

這班火車隨即轉駛到葉卡捷琳堡（Yekaterinburg palace），尼古拉二世、亞歷山德拉皇后、四位公主跟阿列克謝王子在這裡遭到嚴格的軟禁監控，城堡裡的每扇窗戶都被釘上木條，防止他們跟外界接觸。

此時城堡外的俄國也不平靜，同年十月又迎來革命，這次由列寧領導的布爾什維克黨獲勝組成政府，新政府對沙皇一家可就沒有這麼寬宏大量……

隨著俄國國內反革命勢力有抬頭跡象，內憂外患的列寧政府決定斬草除根，讓保皇黨再也無君主可復辟。一九一八年七月十六日凌晨，看守沙皇一家的軍人將他們叫醒帶到地下室，亂槍處決尼古拉二世及其妻兒。

隔年英國國王喬治五世派遣軍艦前往克里米亞，將姨媽（尼姑拉二世的媽媽）和表妹（尼古拉二世的姊妹）帶往英國安置。此時世人覺得喬治五世也是盡力給與沙皇表弟一家最大援助，誰叫英國是君主立憲國家，首相不讓沙皇來避難，國王又能說什麼呢？

然而，在日後公開的喬治五世與當時英國首相大衛・喬治（David George）往來信件中，世人才發現不給沙皇尼古拉一家來英國避難的其實是喬治五世……

「第一次世界大戰爆發後，歐洲各國新興階級迫切希望能夠推翻舊有皇室，各國皇室都面臨嚴峻挑戰，這股風潮也吹進我國，人民想推翻皇室的聲音越來越大……本國人民普遍對沙皇尼古拉二世沒有好感，若是我國政府執意給予庇護。」

給首相的信中透露出喬治五世的不安，讀完信後首相馬上發函外交部撤除沙皇的政治庇護許可，坐困愁城的尼古拉二世最後難逃被革命軍滅門的悲慘命運。

白金漢宮裡的喬治五世知道那封信到首相手裡後，會發生什麼事。他不禁想起自己小時候和表弟尼古拉一同玩樂的情景，眾人都說他們兩長得非常相似，長大後兩人蓄起一樣的鬍子，更分不清楚誰是誰。

對感情甚篤的表弟見死不救非喬治五世所願，但身為英國國王他肩負的使命是將皇室延續下去。從失地王約翰簽署《大憲章》失去國王的部分權力開始；到宗教戰爭中伊莉莎白女王一世小心平衡各方勢力；再到查理一世被送上斷頭台，奧利佛．克倫威爾建立英吉利共和國，自古以來英國皇室面臨的存亡挑戰從來未曾停歇。

如履薄冰的喬治五世知道只要做錯一個決定，都有可能將英國皇室帶入萬劫深淵⋯⋯

喬治五世沒有在信裡寫出的另個隱憂是尼古拉二世風評極差的妻子亞歷山德拉皇后，亞歷山德拉是德意志帝國黑森林和萊茵大公國的公主，也是英國維多利亞女王次女愛麗絲公主的女兒，家譜上是喬治五世的表妹。

在俄國從貴族到平民都討厭亞歷山德拉皇后是因為她寵信妖僧拉斯普丁（Rasputin），兩人趁尼古拉二世在前線指揮一戰時，聯手干政。拉斯普丁的興風作浪和飛揚跋扈早引起各方不滿，但是亞歷山德拉皇后仍然對他極其信任。

皇后的軟肋是兒子阿列克謝王子，當初自己費盡千辛萬苦生下俄國皇室唯一繼承人，怎知他一出生就有血友病。當年要是沒有拉斯普丁的神力，阿列克謝王子絕對不可能活到現在。所以不管眾人怎麼說拉斯普丁，亞歷山德拉皇后對他的寵信沒有絲毫動搖。

不過，喬治五世在意的倒不是亞歷山德拉皇后與妖僧拉斯普京的關係，他真正在意的是亞歷山德拉皇后的德國血統。

一九一四年奧匈帝國對塞爾維亞宣戰後，歐洲各國因為自身利益捲入第一次世界大戰，英國加入的是法國與俄羅斯陣營跟德國作戰。英國人民反德情緒高漲，此時要是給德國出生風評又不好的亞歷山德拉皇后政治庇護，難保英國人民不會遷怒到皇室身上⋯

大義滅親的喬治五世還做了另外一件改變英國皇室的大事，他準備將皇室的德國姓氏薩克森-科堡-哥達（Saxe-Coburg-Gotha）改掉，希望藉此能讓人民淡忘英國皇室與德國的關係。

皇室的德國姓氏來自維多利亞女王的德國夫君亞伯特親王，婚後女王從夫姓改成德國姓氏。平常英國人民不是太在意自家皇室跟德國的關係，但一戰期間德軍日夜轟炸英國，英國人民對任何跟德國有關的人、事、物都極其不歡迎。此時喬治五世最不想英國人民想起的就是皇室裡濃濃的德國血統。

於是他召集朝臣，告訴大家他想把德國姓氏改成英國姓氏，要大家集思廣益想個非常英格蘭的姓氏。此時，一位朝臣建議：「何不用溫莎？溫莎城堡自古是皇居，聽起來又非常英格蘭，再適合不過。」

從此，漢諾威王朝結束，溫莎王朝（House of Windsor）在喬治五世的帶領下展開序幕。

尼古拉二世的衰敗看在表哥喬治五世眼裡，他知道表弟其實有太多次機會可以拯救自己卻搞砸了。資質平庸的尼古拉二世在位之初，為了移轉人民對他能力不佳的疑慮，特意發動日俄戰爭，想藉由塑造外國敵人來凝聚國內團結。

沒想到俄羅斯吃了敗仗，此時人民上街抗議希望沙皇讓權於民，尼古拉二世為了使民怨降溫，只好妥協成立代議政府，但隔年又從政府手中把權力拿走，最終沒有兌現改革的承諾。

壓倒駱駝的最後一根稻草是尼古拉二世不顧當時俄國經濟情況惡劣，飢荒連連還執意要參加第一次世界大戰，讓俄國經濟雪上加霜民不聊生。於是人民透過一次又一次的革命終於推翻統治俄羅斯三百年的羅曼諾夫王朝。

點點滴滴看在喬治五世眼裡，他知道廣大人民的支持才是皇室得以存續的最大力量，溫莎王朝若要永保安康永遠得將英國人民放在首位。

DUKE OF WINDSOR

# 不愛江山的溫莎公爵

不愛江山愛美人，溫莎公爵的浪漫情事傳遍幾個世紀之久，浪漫外衣包裹的真的是不朽愛情神話糖果嗎？退位後移居法國，終身不得回到英國的溫莎公爵夜深人靜時有沒有後悔過自己的決定？英國人又是怎麼看待這個竟然棄自己國家於不顧的落跑國王？而弟弟喬治六世與首相邱吉爾費力替這位前國王隱瞞的天大秘密又是什麼？

溫莎王朝第二位國王是繼位不到一年便退位的愛德華八世，世人對他的另個身分可能更加熟悉，「不愛江山愛美人」的溫莎公爵。

愛德華出生於一八九四年，是喬治五世的長子。年輕的愛德華王子在第一次世界大戰時加入英軍保家衛國，戰後多次跟隨父親出訪海外。帥氣的他對時尚很有品味，也很喜歡跟人民接觸，在英國人氣很高，人民都很看好這位未來國王。

然而，喬治五世對愛德華不是很放心，或許是作為一位父親一位君主，他早看出愛德華的問題。

「我死後一年之內，愛德華絕對會搞砸所有事。」喬治五世對朝臣說：「莉莉白[1]才是最適合當君主的，我希望愛德華沒有子嗣，這樣王位就能傳給伯迪[2]和莉莉白。」

喬治五世的預言後來果然成真，讓愛德華搞砸一切的是已婚美國女子辛普森夫人（Wallis Simpson）。為什麼稱她為夫人呢?因為她是有夫之婦，辛普森是她的夫姓。

交際花華麗斯（Wallis）與第一任飛官老公離異後，一九二八年再嫁富商辛普森，夫妻倆從紐約搬到倫敦管理先生在英國的事業。講話風趣，衣品又好的辛普森夫人馬上變成倫敦上流社交圈的新寵。

在一場晚宴上，她剛好坐在王儲愛德華王子旁邊，兩人交談甚歡。英俊帥氣的王儲當時不乏女友，但不知怎麼地愛德華總是對有夫之婦非常迷戀，不久後他和辛普森夫人就開始暗通款曲。不過礙於當時喬治五世還在位，愛德華不敢大肆公開自己與辛普森夫人的關係。

一九三六年一月二十日喬治五世駕崩，四十一歲的王子繼位變成愛德華八世。上位後他向當時的首相史丹利・鮑德溫（Stanley Baldwin）表示想要娶辛普森夫人為妻（當時辛普森夫人尚未離婚還是人妻），首相馬上表示反對。

辛普森夫人已經結過兩次婚，兩任丈夫都還在世，這種複雜的婚姻關係絕對會讓英國人民難以接受。再來，英國國教反對離婚與再婚，國王是英國國教名義上的領袖，自己帶頭違反教義怎麼可以？更別說，辛普森夫人是美國人，將來的王儲會有一半美國人血統，這點英國人民也無法認同。

為了彌平首相的不安，愛德華八世提出他跟辛普森夫人的小孩會放棄王位繼承權作為條件，但首相鮑德溫還是難以同意。最後他給國王三個選項：

一，放棄娶辛普森夫人。

二，娶辛普森夫人，首相帶領內閣總辭。

三，娶辛普森夫人，退位。

愛德華八世不可能選二來引發憲政危機，又非辛普森夫人不娶，最後他選三，在同年十二月十一日宣布退位，誠如他的父親所預言，繼位不到一年愛德華果然搞砸了。

**「……如果沒有我所愛女人的幫助和支持，我不可能如自己所希望的那樣承擔沉重的皇室責任和履行國王職責。……放棄王位是我此生最嚴肅的決定，但也是對所有人最好的決定。」**

愛德華八世的退位演說直接把愛情搬出來，不愛江山愛美人的浪漫神話傳遍世界。可英國人民完全不覺得這是什麼愛情故事，他們覺得憤怒生氣，覺得被國王拋棄，「為愛痴狂」的愛德華八世竟然如此毫無責任感，把兒女私情放在國家人民之前！

英國人民把這筆帳算到辛普森夫人頭上，覺得都是這個女人讓國王昏頭。但其實愛德華八世早在寫給之前情婦的信中就曾多次提到自己對當國王這件事沒有興趣，

「**我不喜歡宮廷裡這些繁文縟節，更不喜歡皇冠底下的重責大任……**」

但最讓英國人吃驚的不是愛德華寫給情婦的信，而是經過多年後才得以公開的二戰時期秘密文件……

退位後的前國王留在英國會對現任君主造成威脅，於是溫莎公爵[3]帶著辛普森夫人來到法國，隔年辛普森夫人終於辦好離婚後在法裔美籍富豪查理斯·貝多（Charles Bedaux）的豪宅裡與溫莎公爵結婚。

這位跟溫莎公爵交好的富豪查理斯，其實是不折不扣的納粹支持者。他看出

了失去王位後愛德華若有所失，不久就安排溫莎公爵跟辛普森夫人去德國拜訪希特勒。

雖然當時第二次世界大戰還沒開打，全歐洲已經開始對希特勒戒慎恐懼，作為英國前國王的溫莎公爵不可能沒有嗅到這樣的氣息，但還是執意帶著辛普森夫人出訪德國。

溫莎公爵跟辛普森夫人一到德國後就得到熱烈歡迎，這種被人群簇擁的情景讓愛德華好不想念。他在鏡頭前大方與希特勒合影，覺得自己雖然退位了但對當前的政治局勢還是相當有影響力。

從不掩飾自己對德國對希特勒極有好感的愛德華在一九三九年五月，英國準備對德國宣戰之際，竟然在廣播裡大聲疾呼和平才是明智之舉。這些話聽在英國人民耳裡非常刺耳，畢竟德國都要打過來了，英國不宣戰難不成是要投降嗎？前國王在這種時候發表這樣談話的居心是什麼？

戰爭開打後愛德華又改變立場，他跟弟弟（當時的英王喬治六世）表示自己想對國家盡點心力。於是喬治六世把他安排在法國當聯絡人，負責英法之間資訊傳遞。愛德華也曾多次到法國前線視察，回來後寫了幾份報告指出法軍的種種問題，跟富豪朋友查理斯見面時也常把在法國軍隊的弱點講出來。

愛德華不可能不明瞭查理斯跟希特勒的關係，除此大方把法軍情報講出來，是口無遮攔呢？還是故意想放消息給德軍？後來德軍進攻法國時，就是從愛德華口中防禦最弱的地方攻陷。這時喬治六世跟英國首相邱吉爾開始正視到愛德華可能帶來的災害。

就在他們還沒想到怎麼處理這個燙手山芋時，法國戰況越來越激烈，愛德華帶著辛普森夫人去西班牙避難，他們住在銀行家雷卡多・桑多（Ricardo Santo）

的家裡。

雷卡多跟查理斯一樣替納粹工作，他把愛德華夫婦的日常都記錄下來向德軍報告。當時納粹的算盤是讓親德的愛德華重返英國當納粹的魁儡國王，所以對這對夫妻非常巴結討好，時常安排當地政商名流與他們往來。

「溫莎公爵相信只要對英格蘭狂轟濫炸，那麼英國很快就會投降。」駐里斯本的德國大使給柏林發的電報中寫道。

德軍果然從一九四〇年九月七日開始連續轟炸英國各大城市，首都倫敦連續超過七十六個晝夜被炸彈襲擊，倫敦大轟炸（The Blitz）造成超過四萬名市民死亡，是二戰時至黑暗的時刻。德軍的炸彈不知道哪個夜裡會落到自己頭上，當時的倫敦人每晚都不知道還有沒有可以見到親人、朋友的明天。

九月十三日那顆落在白金漢宮的炸彈，還差點炸死喬治六世和他的妻子！結果德軍這個無情殘酷的大轟炸竟然是溫莎公爵的主意！

二戰後美軍在德國的德根斯豪森發現裝有納粹機密檔案的軍車，這些檔案中有六十份愛德華和納粹高級指揮官之間的通信紀錄。檔案中記載愛德華告訴希特勒，希望德國戰勝後他能恢復英國國王身份，並讓辛普森夫人成為皇后。

美軍把這些文件交給英國政府，愛德華很怕這些文件被公開，直指這些文件都是捏造的。不過他多想了，雖然喬治六世跟邱吉爾對他在二戰期間的行為非常震怒，但他們不但沒有公開這些文件，還想盡辦法把整件事壓下來。

畢竟要是英國人民知道前國王不只為愛痴狂，還為了私利背叛國家，這股憤怒跟怨氣鐵定會對溫莎王朝產生巨大的懷疑，喬治六世的王位難保不會受到影響。溫莎王朝最重要的任務就是讓君主制世世代代傳下去，這些極具毀滅性的文件就這麼被塵封起來了……

1 此莉莉白（Lilibet）是女王伊莉莎白二世的小名。
2 伯迪（Bertie）是英王喬治六世的小名。
3 退位後愛德華的爵位是溫莎公爵（Duke of Windsor）。

BUCKINGHAM PALACE

# 白金漢宮陽台上的勝利

喬治六世從來沒想過自己會當上國王，要不是哥哥為了娶離婚的美國人辛普森夫人棄王位於不顧，怎麼樣也輪不到他這個次子當國王，更別說他自小還有口吃的障礙，完全無法進行公開演說。而這麼不在期待中坐上王位的喬治六世卻跟邱吉爾一起帶領英國度過第二次世界大戰那段至黑暗的時刻，迎來勝利，成為歷史上有一席之地的英國國王。被希特勒形容「全歐洲最危險的女人」的妻子伊莉莎白，她絕對是內向害羞的喬治六世能堅定地面對種種挑戰的最大支柱。

亞伯特出生於諾福克郡（Norfolk）的桑德林漢姆莊園（Sandringham House），是喬治五世的次子，家裡的人都叫他小名——伯迪（Bertie）。

他上面有哥哥愛德華（後來放棄王位的愛德華八世），雖然年紀比哥哥小不到兩歲，在成長的過程中，亞伯特從未如哥哥般感受到繼承王位的壓力。

一來他不是王儲，二來他其實有與生俱來的表達障礙——口吃，作為王儲或是國王是常常需要發表談話的，好在亞伯特是次子，不需要經常公開面對群眾演說。

有次出訪蘇格蘭時，亞伯特認識了史特摩爾伯爵（Earl of Strathmore）的女兒伊莉莎白，他對活潑開朗的伊莉莎白極有好感。見過幾次後，亞伯特向當時二十一歲的伊莉莎白求婚。

伊莉莎白寫給閨密的信裡提到安靜內向的亞伯特其實沒有特別吸引自己，更別說「嫁入皇室後就再也沒有為所欲為、暢所欲言的自由了。」

不屈不撓的亞伯特又求了一次婚，此時伊莉莎白逐漸被他的心意感動外，她心想亞伯特不是皇儲，將來王位是要給哥哥愛德華的，當亞伯特的家人應該不會受到過多的關注與壓力，就點頭答應了。

婚後的亞伯特跟伊莉莎白受封為約克公爵與公爵夫人，生了兩位可愛的公主伊莉莎白跟瑪格麗特。除了倫敦梅菲爾區（Mayfair）的居所外，一家人也時常在溫莎城堡（Windsor Castle）、桑德林漢姆莊園（Sandringham House）以及蘇格蘭高地的巴爾莫勒爾城堡（Balmoral Castle）享受淡雅嫻靜的鄉間生活。

可這樣不受鎂光燈干擾的生活在一九三七年產生巨變，不愛江山愛美人的愛德華八世決定放棄王位，身為弟弟的亞伯特永遠記得被母后瑪麗皇太后急召進宮的那天起，他和妻子女兒的世界再也不會和從前一樣……

亞伯特繼位後成為喬治六世，上位不到兩年英國就面臨歷史上最大挑戰，向德國宣戰加入第二次世界大戰。這樣的歷史時刻，通常都是由君主而非首相對人民發表演說，可喬治六世偏偏是位有口吃的國王，這場演說對他來說非常艱鉅。

好在賢內助伊莉莎白皇后從澳洲找來語言治療師萊諾（Lionel Logue）替國王改善口吃的問題，鄉野醫生萊諾透過獨特的治療手法，讓喬治六世從公開演講的失敗陰影中走出，在九月三日對全國民眾發表英國歷史上最重要的一場演說：「**這場任務會很艱鉅，前方的日子也許黑暗，而且戰爭很可能不只侷限於戰場上。我們必須擇善而固執，並誠心地將這個目標交付給上帝。**」

這段故事後來被拍成電影《王者之聲》，在劇中除了語言治療師的幫助外，妻子伊莉莎白皇后的支持與後盾更是喬治六世能克服口吃的重要因素。

參戰後英國雖然有英吉利海峽的阻隔，沒有在自己的領土上開戰，但德軍從一九四〇年九月七日開始對倫敦日夜轟炸（The Blitz），朝臣與政府都很擔心國王一家人的安危，於是建議喬治六世先搬往其他安全的英聯邦國家，例如：加拿大。

當時，喬治五世的妻子伊莉莎白皇后如此回應媒體：「**我跟我的小孩絕對不會離開英國，除非國王離開英國，而國王絕對不會離開他的子民。**」

不過為了安全起見，伊莉莎白公主跟瑪格麗特公主搬到溫莎城堡，沒有隨同爸媽住在白金漢宮，如此一來要是有什麼萬一，英國王位才不至於後繼無人。

九月十三日一顆炸彈差點炸死喬治六世跟伊莉莎白皇后，站在崩坍的白金漢宮牆壁前，國王跟皇后沒有露出驚慌的神色，伊莉莎白皇后更說出一段流傳久遠的話：「**我很高興白金漢宮被炸，這些宮牆崩塌後不再阻隔我們與東倫敦。**」——1

一次又一次前往人民被炸毀的殘破家園中激勵人心的伊莉莎白皇后從來沒有露出過驚慌的神色，她總是穿著得體並且溫柔幽默地安慰人民，也堅定地支持丈夫在戰爭中與民同在，與生俱來的溫柔與堅定，讓希特勒形容她是「全歐洲最危險的女人。」

一九四五年九月一日，長達五年的第二次世界大戰終於在德軍投降下結束，當晚成千上萬的英國民眾湧向街頭在白金漢宮前歡欣鼓舞，等待國王一家出來陽台跟大家致意。

不久後，喬治六世、伊莉莎白皇后、伊莉莎白公主、瑪格麗特公主跟首相邱吉爾出現在陽台上接受人民的歡呼，這場看不見盡頭的戰爭終於結束。多年後接受訪問時，眼裡依舊閃著光芒，已經變成英國女王的伊莉莎白說：「**我永遠記得那天聚集在白金漢宮前的群眾有多開心，我跟妹妹還特別要求爸爸媽媽讓我們混入人群裡感受那股喜悅。**」

戰後英國進入經濟緊縮，長達五年的戰爭耗盡英國所有經濟資源外，戰爭期間無暇顧及海外殖民地的大英帝國也讓殖民地政府看到獨立的機會，當時最大殖民地印度跟南非都吵著要獨立。

在二戰中積勞成疾的喬治六世連休息的時間都沒有，立刻投入維持大英帝國完整的任務中。一九四九年喬治六世帶著家人拜訪當時想要獨立的南非，三個月的旅程中走過六千哩路，拜訪南非的大城小鎮，希望讓更多殖民地子民能認識皇室一家進而產生更多認同感。

這樣的工作量對身體健康的人來說都很吃緊，更別說當時因為菸癮已經把左肺切除的喬治六世，一九五二年冬天的一個夜晚，喬治六世在睡夢中與世長辭，當時只有五十六歲。

溫莎王朝的第三位君主，在位只有短短十五年……與天資聰穎的哥哥愛德華八世比起來，天生口吃內向又害羞的喬治六世或許不是天生的君主，但是他勤勤懇懇，永遠把對國家對人民的責任放第一的態度，為他贏得世世代代英國人民的尊重。

1 東倫敦當時是社會下層窮困階級住的地方，伊莉莎白皇后這句話暗示君主離人民更近，戰火無情天子與庶民一樣都會被轟炸。

PRINCESS ELIZABETH

# 伊莉莎白公主的誓言

「從今天開始不論好壞、富有貧窮、生病健康，我都會愛、珍惜與服從我的丈夫菲利浦直到死亡將我們分開。」是伊莉莎白婚禮時的誓言；「我向各位發誓，終其一生，無論長短，我都會為我的國家、子民與大英國協奉獻。」是伊莉莎白二十一歲生日時對人民許下的誓言；不論哪個誓言，伊莉莎白都終其一生沒有違背當初的承諾。「永遠」是如此抽象飄渺，但人民在伊莉莎白的誓言裡看到永遠。

那年夏天，十三歲的伊莉莎白公主跟父母、妹妹一起訪問達特茅斯皇家海軍學院時，第一次見到在軍中服役高大挺拔、風趣幽默的菲利普王子。小伊莉莎白心頭暖暖的，但她不確定那是什麼，之後伊莉莎白和菲利普常寫信聯絡。

二戰爆發時，菲利普是皇家戰艦無畏號（HMS Valiant）的中尉需要出海服役，年僅十九歲的伊莉莎白也加入後方防衛支援部隊，負責修理卡車。戰後那年，伊莉莎白與菲利普去蘇格蘭旅行時，他向二十歲的她求婚了，她不加思索地答應了。

回倫敦後，伊莉莎白向父母親稟告已經訂婚。喬治六世擔心女兒要嫁給交往的第一個男人，王后擔心雖然出生希臘王室，但由於父親兵敗，年幼即遭到驅逐的菲利普太窮（當時他的存款只有十二便士，約莫今日二百四十台幣），只好先勸阻女兒把婚事辦在二十一歲生日後。

當時大英帝國的殖民地南非有種族衝突又鬧著要獨立，身為大英帝國君主的喬治六世，有不要讓殖民地脫英的使命，不趕緊前往安撫人心不行。內憂外患的爸媽心生一計，不如帶著從未出國的伊莉莎白去海外走走，看看花花世界後說不定就把菲利普給忘了。

這趟旅行中，還有個重要任務就是把將來會接王位的伊莉莎白正式介紹給全世界。於是，在參訪的最後，伊莉莎白二十一歲生日那天，她發表了一場演說：「**我向各位發誓，終其一生，無論長短，我都會為我的國家、子民跟大英國協奉獻。**」

這段演說至今仍被世人津津樂道，當時年輕公主的青春人生才要展開，沒人知道她所說的犧牲奉獻是否會真的實現，但花樣少女無邪的聲音裡，透露著英國人內斂沉穩的堅定。

第一次出國的伊莉莎白沒有被花花世界迷惑，回國後依舊堅定地要嫁給菲利普，國王王后最後只好退讓。好不容易得到國王王后首肯的這段姻緣，再下來面臨的是人民的質疑。

英國人民不懂為什麼自家公主不能嫁給英國人，非得嫁給希臘王子，更別說菲利普三位姐姐都嫁給跟納粹有關聯的德國貴族，那可是二戰剛結束，反德情緒最高昂的時候哪。

最後皇室跟媒體聯手一波波公關操作將菲利普「英國化」，宣揚他戰時服役英軍的功績跟強調他的英國血統（媽媽是英國公主），還讓媒體做了民調，顯示支持公主的人占多數。最後人民也退讓了，畢竟誰不想看到公主嫁給心愛的人。

一九四七年十一月二十日伊莉莎白與菲利普終於在西敏寺教堂結婚，存款只有十二便士的菲利普不知道怎麼負擔婚戒。好在媽媽有頂皇冠，他就從上面取了顆鑽石下來做婚戒，這是自幼生長在帝王之家擁有無數珠寶鑽石的伊莉莎白見過最小的鑽戒，但她卻牢牢地戴在手上一輩子。

婚後菲利普作為皇家戰艦喜鵲號（HMS Magpie）的指揮官被派到馬爾他，新婚妻子的伊莉莎白也隨行前往，那是她人生最自由快樂的一段時光。不是公主也不是女王，只是軍官的妻子，可以隨意自由上街、辦宴會邀請軍中同袍與他們的家人來玩。

從小顛沛流離，借住各個親戚家的菲利普，從不知道什麼是家。有次記者採訪他問到會講多國語言的菲利浦，小時候在家講哪國話？他脫口而出的答案是「什麼是在家？」這樣的菲利普在認識伊莉莎白後終於有了自己的家，他很珍惜，也用自己的方式守護著伊莉莎白、守護這個家。

要說娶了未來女王的菲利普不知道有一天得放棄自己的軍旅生涯，那絕對是不切實際的天真。只是他和伊莉莎白都沒有想到這天來的這麼快。新婚五年後，他們又回到了西敏寺教堂，只是這次是伊莉莎白的登基大典。

一九五二年肯亞總督宣布進入緊急狀態，鎮壓「茅茅起義」的反殖民運動，當時年僅二十五歲的伊麗莎白偕同夫婿菲利普代替身體虛弱不適合遠行的父親前往肯亞訪問。二月六日晚上，她最敬愛的父親喬治六世駕崩，伊莉莎白在肯亞的樹屋飯店裡變成溫莎王朝第四位君主。

隔年的加冕典禮上，菲利普向英國女王也是自己妻子的伊莉莎白女王屈膝敬禮表示永遠的效忠。從此，兩人在公開場合無法並肩行走，他必須走在伊莉莎白女王後頭，成為女王背後的男人。

之後的歲月裡，菲利普從來不是亦步亦趨地跟在伊莉莎白後面兩步，而是用自己的節奏走在她身後。他一直工作到九十五歲，身體再也無法負荷時才退休，只因不忍愛妻一人獨自承擔所有的重責大任。

在伊莉莎白很老的時候，菲利普的笑話總還是能把她逗笑，讓她臉上洋溢著少女般的笑容。而伊莉莎白也很清楚，菲利普是那位無懼於自己的王位永遠會對自己說實話的最佳伴侶。王子與公主從此過著幸福快樂的日子，只會出現在童話裡，現實人生中王子與公主的婚姻，跟常人一樣沒有捷徑，得共同面臨日常的磨合與考驗，攜手面對人生的起伏與挑戰，當兩人垂垂老矣時還能相視而笑，才是最美最幸福的結局。

THE CROWN

# 欲戴皇冠先承其重

伊莉莎白登上王位時，長子查爾斯還不滿五歲，女兒安妮只有三歲，伴隨君主名號而來的是無窮無盡的公務。繁忙的生活讓伊莉莎白和菲利浦無暇付出太多精力陪伴孩子們成長，他們每天最多只能抽出半個多小時給孩子們。疏離的親子關係或多或少地影響女王幾個孩子長大成人後處理親密關係的能力，四個孩子中只有幼子愛德華的婚姻至今穩固，孩子們破碎的婚姻何嘗又不是戴上皇冠的代價呢？

雖然英國在第二次世界大戰時打勝仗，但被戰爭拖垮經濟，即便是戰勝國也變得十分貧窮，五十年代的英國人民得拿糧票去領配給的肉類跟牛奶過活，如此艱辛的生活持續好多年。

也因此在一九五三年伊莉莎白女王要辦加冕大典時，英國皇室與政府決定辦個風光體面的典禮，希望藉由這個國家慶加冕典來替在貧困時刻生活的國民加油打氣。

千盼萬盼六月八日終於來了，可惜天公不作美，當天倫敦天氣陰霾不說，還飄著不小的雨，惡劣的氣候沒能阻擋英國人對皇室的熱情支持，許多人提前一天冒雨在加冕遊行路線上等待著看年輕女王一面。

這場加冕典禮也進行史上第一次電視直播，據統計，光英國就有兩千七百萬人[1]透過黑白電視觀看典禮的現場直播，還有來自一百多個國家，總計超過八千名的賓客出席在西敏寺教堂（Westminster Abbey）舉行的加冕典禮。

承載著許多歷史的西敏寺教堂是英國哥德式建築代表作，入口是上方有圓形玫瑰花窗的三座尖聳拱門，教堂裡有許多色彩斑斕的彩繪玻璃，高眺的肋狀拱頂和許多支撐結構的精緻雕刻，讓典禮氣氛更顯威重。

加冕儀式分為六個環節：承認、宣誓、恩膏、加冕、登基和致敬。「恩膏」是坎特伯雷大主教幫女王塗上聖油，聖油裡有橙油、玫瑰油、肉桂油、麝香和龍涎香。通常會製造一定份量的聖油讓好幾次加冕典禮都能使用，但在二戰時德軍大轟炸期間，一枚炸彈擊中西敏寺教堂，摧毀之前做好的聖油，所以這次登基用的聖油是重新製造的一批。

女王的加冕禮服是由白色緞子製成，並用金線和銀線繡有英國和英聯邦的標誌，是英國時裝設計師諾曼・哈特內爾（Norman Hartnell）設計，而前往加冕典禮的黃金馬車上，女王戴著喬治四世王冠（The Diamond Diadem）。

典禮過程中，女王佩戴更換三頂王冠。喬治四世王冠於一八二〇年製造，共鑲嵌一千三百三十三顆鑽石和一百六十九顆珍珠，王冠上方是由四個方形十字架和由鑽石鑲嵌的花束交替組成，花束的圖案分別為玫瑰、薊花和三葉草，分別是英格蘭、蘇格蘭和北愛爾蘭的國花。

伊莉莎白女王二世在西敏寺教堂裡接受坎特伯雷大主教塗聖油、祝福和祝聖後，換上金色的皇家長袍，被授予代表王權的權杖跟寶球（Orb），右手無名指戴著加冕戒指，坐上被稱為加冕椅的聖愛德華寶座，同時接受與會嘉賓「天佑女王」的祝福。

加冕儀式時戴在女王頭上的是一六六一年製造的聖愛德華王冠（St. Edward's Crown），同年製作的寶球頂部有顆大紫水晶，由鑽石、祖母綠、紅寶石、藍寶石和珍珠組成的十字架環繞在黃金地球儀上，將它分成三個部分，代表中世紀時的三大洲。

女王返回白金漢宮時佩戴的帝國皇冠（The Imperial State Crown）是由黃金製成，共鑲嵌二千八百六十八顆鑽石、十七顆藍寶石、十一顆祖母綠、二百六十九顆珍珠和四顆紅寶石。聖愛德華藍寶石位於帝國王冠最高十字架的中央的，皇冠上有黑王子的紅寶石、斯圖爾特藍寶石和庫里南二號鑽石。皇冠上的四顆珍珠，是女王伊麗莎白一世的耳環。

西敏寺教堂從一〇六六年開始，就是歷任英國君主登基的皇家教堂，教堂裡莊嚴潔白的聖母堂葬有十五位英國國王，女王跟皇后。伊莉莎白女王二世在列祖列宗的神靈前宣誓要對國家對人民奉獻，這是多麼神聖的誓言，女王在登基大典當晚的演說中：

「大家今天看到的加冕儀式是非常古老的，它的起源隱藏在過去的迷霧中，但儀式所代表的精神和意義歷經歲月試煉後從未像現在這樣閃耀。我真誠地承諾將為你們服務，正如你們許多人也承諾為我服務一樣。在此生，我會全心全意努力做到對得起你的信任。

在這個決心中，我有丈夫的支持，他分享我所有的理想和我對你們所有的情感。雖然我的經驗如此短，我的任務如此新，父母和祖父母是我最好的榜樣。

我身後不僅有燦爛的傳統和千年的歷史，還有英聯邦和大英帝國的力量和威嚴；新舊社會、歷史和起源不同的土地和種族，都按照上帝的旨意團結一致。

這場加冕典禮不是象徵帝國逝去的權力和輝煌，而是對未來希望的宣言。在上帝的恩典和慈悲下，在被上帝賦予的統治歲月中，我都將會為你服務，成為你的女王。」

誠如伊莉莎白女王二世所允諾，她終其一生克盡職守，為民服務。英國君主都有著名的紅箱子，紅箱子裡裝的是君王每天需要閱讀的日報、議會報告、英聯邦事務文件，以及需要她簽名和皇家同意的國家文件。

「欲戴皇冠，先承其重」如果大家知道女王每天的工作量，就知道這句話所言不假。除了每天要處裡上百封民眾來信、公務文件、政策文件，主持正式會面、國宴、授權、任職儀式；每年還要出席上百場的慈善活動；還有每周跟首相的單獨會面；每天閱讀英國議會跟樞密院的會議報告等等工作。

大英帝國在女王爺爺喬治五世時版圖達到巔峰，有著「日不落帝國」的聖譽。然而從父王喬治六世開始，英國被第二次世界大戰拖垮國力，戰後英國資源最豐沛的海外殖民地：印度獨立成功後，更是讓其他殖民地看到獨立的大好機會。

於是英聯邦（也稱大英國協，Commonwealth）在一九四九年《倫敦宣言》公布誕生後，積極吸收大英帝國前殖民地入會。成員國們在旅遊、留學、貿易方面擁有很強的流通性，但在軍事、外交上並無實質的條款約定，歷任英聯邦元首通常由英國君主兼任。

如同伊莉莎白女王二世在登基演說中強調英聯邦對現代英國及君主制的重要性，加冕大典後女王與菲利浦親王開始馬不停蹄進行海外英聯邦參訪，足跡踏遍百慕達、牙買加、巴拿馬、斐濟、東加、紐西蘭。隔年，女王與親王則拜訪澳洲、斯里蘭卡、烏干達、馬爾他和直布羅陀等等英聯邦會員國。

女王的參訪絕對不是蜻蜓點水，光在澳洲她就待了八個禮拜，坐了三十三班國內班機造訪所有的大城小鎮。澳洲人傾巢出動，當時四分之三的澳洲人民都見過女王。不停地揮手微笑致意，女王到最後臉部肌肉都拉傷了，但她沒有放棄，繼續堅持不懈地跟菲利浦親王勤跑行程，她知道需要運用自己的魅力與女王的光環讓英聯邦的子民信服君主制。

如此勞動密集的參訪與繁忙的公務是無法帶著小孩到處跑的，於是女王常常把當時年幼的查爾斯跟安妮留給媽媽照顧。這樣「就工作捨家庭」的權宜之計有其代價，只是這個代價要等到查爾斯跟安妮長大後，開始處理親密關係時才逐漸意識到……

1 當時英國總人口是三千六百萬。

HER MAJESTY

# 與人民之間的距離

頂尖的領導者需要經驗與智慧的累積，貴為女王也不例外。年輕又漂亮的伊莉莎白女王不僅快速擄獲英國人民的心，也變成全世界注目的焦點。一切都很美好的時候，她在位初期最大的公關危機「艾伯凡鎮礦災」從天而降。雖然第一時間女王就派出菲利浦親王前往災區，但人民想見的是女王，失望很快地醞釀成憤怒；女王終於在八天後來到災難現場，看著一具具屍體，伊莉莎白難掩自己的悲傷，但她依舊什麼都沒說，沒有跟媒體跟人民解釋為何自己姍姍來遲。在往後數十年繁忙的公務行程中，伊莉莎白沒有忘記這些災民，她在一九七三年、一九九七年再訪艾伯凡鎮，追悼當年礦災蒙難的受害者，和探視隨著歲月逐漸長大成人的那些孩子們。

年輕貌美的伊莉莎白女王二世帶給大戰後灰暗的英國一道亮光，人民都很喜歡這位女王，不過這樣的蜜月期沒有持續太久……

從女王登基後，奧特林厄姆勳爵（Lord Altrincham）對皇室就諸多批評，大聲疾呼皇室應該要與時俱進不要與一般民眾格格不入。他的批評一開始沒有影響人們對新女王的喜愛，但在一九五七這年，他的論點得到越來越多的關注，當年的蘇伊士運河事件，英國出兵希望阻止埃及對蘇伊士運河的國有化，最後卻以失敗告終，首相艾登（Sir Anthony Eden）被迫辭職。當時保守黨沒有選舉新黨魁的機制，經過一連串黨內磋商之後，女王指派麥克米倫（Harold Macmillan）擔任新首相組成新政府。

由於麥克米倫並不是當時媒體及民眾支持的第一人選，這也讓年輕女王捲入政治危機中，此時人們對皇室對女王的態度也迅速發生變化，皇室裡的各種規矩跟傳統受到質疑。奧特林厄姆勳爵在《國家和英國評論》上發表文章抨擊女王與她的朝臣們「太食古不化」、「太上流社會」，還說女王看起來就像「自負的女學生」，如果不看講稿連簡單的演講都做不來。

奧特林厄姆勳爵的種種言論要是發生在女王祖父或父親的年代，根本就是叛國罪的鐵證，但年輕的伊莉莎白不但不憤怒還把這些批評都聽進去，請演講專家來指正自己演講時的語音聲調、用字遣詞；隔年開始在電視上發表聖誕演說；取消貴族名媛成年禮舞會，讓許多平民出身的菁英得以更接近皇室。

「我們尊敬她因為她是女王，我們愛她因為是她。」是邱吉爾服務女王多年後的感想，伊莉莎白深知用女王這個頭銜是無法贏得人民發自內心的支持與敬愛，要贏得人心她得靠自己一點一滴的努力累積。

六十年代英國的社會氛圍與戰後縮衣節食的五十年代非常不同，戰後出生的嬰兒潮此時差不多已經是青少年，與經歷過戰亂的父執輩不同，他們沒有經歷過英國最黑暗的時刻，他們的手頭更加寬裕可以隨意購買自己喜歡的東西。

從利物浦來的披頭四（Beatles）在一九六二年以暢銷單曲〈愛我吧〉（Love Me Do）紅遍全世界，身穿羊絨的「摩斯族」（Mods）與身穿皮衣的「搖滾客」展開了造型與街頭之戰。

瑪麗・官（Mary Quant）的國王路（Kings Road）和約翰・史蒂芬（John Stephen）的卡納比街（Carnaby Street）帶領街頭時尚，以巴黎為代表的貴族高級訂製服被前衛叛逆的倫敦時尚拋在腦後。當時走在倫敦街頭的觀光客，對女孩裙子之短以及牽手的同性伴侶都大感驚奇。

二戰後在文化上被紐約和巴黎甩在後面的倫敦，此時又昂首闊步起來，「搖擺城市」（Swinging London）的青年自成一個新階級，他們擺脫以往的老氣沉沉，興高采烈地呈現出不受約束的自由和新社會階層的混合。

不但如此，英格蘭還在一九六六年贏得世界杯足球賽冠軍，三師軍團的球員們驕傲地從女王手裡拿下獎盃。然而，在這樣歡欣鼓舞的六十年代發生了一樁悲劇……

十月二十一日早晨，威爾斯（Wales）艾伯凡鎮（Aberfan）上的潘特拉斯小學的學生們興高采烈地到了學校，因為只要再上半天課他們就可以開始放期中假期。

但誰也沒想到就在第一堂課時，濃稠的黑色泥漿像土石流般從陡峭的山坡上以無法置信的速度滾滾而來，黑色流沙將觸目所及的所有東西掩埋，事情發生得如此之快，許多小朋友根本沒有時間逃走……

這場災難最終奪走一百多條人命，其中大多數是來不及逃出的小學生。

當時英國還是重工業國，煤礦開採是很重要的產業。艾伯凡鎮近鄰梅特伊礦場，鎮上許多人家都在礦場裡工作。開礦的廢土就近堆在艾伯凡鎮的山坡上，當地居民幾年前就向國家煤炭局提出安全的擔憂，國家煤炭局不但不處理，還告訴居民：「再這樣一直抱怨，礦場就會關閉大家就沒工作了。」

結果，那年十月的多日大雨將山坡上的廢棄礦土堆沖刷到山下，釀成英國史上最大礦災。如果國家煤炭局聽從居民建議早點處理廢土，這場災難本來可以被避免，於是災害很快演變成政治風暴，使得首相威爾遜（Harold Wilson）為首的工黨政府面臨極大的挑戰。

發生這麼大的災難，伊莉莎白女王二世沒有在第一時間到災區探視災民，不知道是因為這是她登基後第一場大災難，一時之間不知如何面對好；還是私人機要秘書建議女王不要去；還是她覺得救災第一，去現場只會干擾救災工作；還是她想避開這場政治風暴……不管什麼原因，遲遲未現身的女王開始招來媒體排山倒海的批評。

最後，發生災難的八天後，女王終於來到艾伯凡鎮，絕少在公眾面前表現出個人情緒的女王面對現場震撼的慘重傷亡時，顯露出極度悲傷的神情。多年後，女王前私人機要秘書查特里斯爵士（Lord Charteris）表示，當年沒能及早到艾伯凡鎮探視災民是女王很遺憾的一件事。

六十年代末，披頭四寫了「女王陛下」（Her Majesty），歌詞是這麼唱的：「女王陛下是個好女孩，可是她都不說話。」輕快的曲風中透露出當時英國人民對女王的感覺，他們看到女王卻不了解她，他們不知道女王對什麼都不發表意見是因為她想保持中立，還是沒意見，或是根本不在乎。

與女王若即若離的媒體關係不同的是，菲利浦親王比較擁抱媒體，倒不是他喜歡高曝光而是他看到科技進步，家家戶戶開始都有電視，他知道皇室不能再躲在城堡裡，人民對皇室想要知道更多。

於是，英國皇室首度准許 BBC 拍攝團隊跟拍數個月，製作有史以來第一支皇室紀錄片。「皇室實境秀」在一九六九年播出時，有超過三千八百萬的英國人民觀看，足以證明大家對皇室的真實面貌真的太好奇。

影片中有女王海外參訪、批閱文件、接見各國大使跟總統等等的工作日常，讓人民感到新奇的是影片裡皇室庶民的一面：女王帶著愛德華王子去買冰淇淋，一家人在蘇格蘭巴爾莫勒爾城堡外烤肉，查爾斯跟兩個弟弟在玩桌遊……

影片裡的最大亮點是查爾斯王子，皇室當初同意拍攝這支影片最主要的目的就是想讓人民能多多了解未來的王儲查爾斯。在影片中大家可以看到剛進入劍橋大學的查爾斯跟同學在討論功課，還看到查爾斯在宿舍房間裡放唱片聽歌。

影片首播後不到一個月，二十一歲的查爾斯王子就在威爾斯的卡那封城堡（Caernarfon Castle）被任命為王儲威爾斯親王。這不禁讓人想起女王還是公主時隨同父母到南非參訪，最後安排的二十一歲演說。在英國，二十一歲是成年的象徵，皇室會很慎重地向人民介紹下位君主，他們也深知這些儀式其實在向人民傳遞皇室世代相傳的訊息。

拍攝這個第一也是唯一的「皇室實境秀」到底是不是正確決定？正反看法都有，有幕僚覺得這支影片讓皇室與人民的距離更近，有幕僚覺得如此生活化的女王會讓人民失去對她的敬畏。英國自古以來堅信君權神授，君主就是神在人世間的代表，抱持神秘感是維持人民對皇室有高度關注的法寶。結果，神聖又神秘的女王怎麼也跟常人沒兩樣會帶小孩去買糖果？！

女王本人確定不喜歡這支影片，因為隔年白金漢宮就將影片歸檔在皇家檔案館，自此以後未經女王許可，再也不能公開放映。

THE SEVENTIES

# 混亂擾攘的七十年代

搖擺歡樂的六十年代結束後，七十年代用一團混亂展開序幕，英國各個城市不時有北愛爾蘭共和軍發動的炸彈攻擊之外，高通膨及高失業也讓人民無力負擔日益高漲的生活費，各行各業罷工不斷，倫敦甚至有兩個禮拜無人收垃圾，惡臭味飄蕩在城市的每個角落。在這個混亂的七十年代，伊莉莎白女王迎來登基二十五週年的銀禧紀念，到底是要高調慶祝呢？還是與民共體時艱低調度過？

一九二一年《英愛條約》（Anglo-Irish Treaty）後，以天主教徒為主的南愛爾蘭獨立成為愛爾蘭，而以新教徒為主的北愛爾蘭則繼續留在英國。英格蘭與愛爾蘭之間八百年的愛恨情仇看似畫上句點，實則不然。

將愛爾蘭以宗教來一分為二的安排不是所有愛爾蘭人都買單，愛爾蘭共和軍（IRA, Irish Republican Army）於是成立，終極目標就是促使北愛爾蘭脫離英國，讓整個愛爾蘭成為完整國家，即便要透過武裝攻擊來達到目的也在所不惜。為此，IRA經常製造恐怖攻擊事件，包括炸彈、暗殺和伏擊等，他們的攻擊在七〇年代達到頂峰，不但在愛爾蘭也在英國本島造成很多死傷。

政治上的動盪不安外，英國經濟在七十年代也進入黑暗期。在兩位數的通膨下，人民生活支出高攀，煤礦工人與鐵路工人要求加薪無果後，頻頻罷工讓供電吃緊，此時還是工業大國的英國動不動就會突然停電。

為了減少整體工業用電，一九七四年保守黨首相愛德華．希斯（Edward Heath）推出「工作三日制」（The 3 Day Week），每周只供電三日給公司及工廠，並且限制加班來減少用電，不過提供民生需求的醫院、超市、報紙印刷廠不在此限。

「工作三日制」簡直是英國近代史上最讓人匪夷所思的政策，但強硬的保守黨拒絕向工會低頭，首相希斯還提前舉行大選，希望能在國會拿到多數席次有助於未來的政策推動。當時在澳洲參訪的伊莉莎白女王被迫回到英國等候大選結果，留下菲利浦親王獨自跑完那幾天的行程，大選結果出爐後，女王又再回到澳洲與菲利浦親王合體完成參訪。

首相希斯的如意算盤沒打好，保守黨在選舉中丟失不少席次，在下議院尋求組成聯合政府不果後，首相位子拱手讓給工黨黨魁哈德羅．威爾森爵士（Harold Wilson）。他一上台就幫煤礦工人跟鐵路工人加薪，並且解除工業用戶一周供電三日的限制，暫時讓缺電危機得到紓緩。

如果你以為英國當時的麻煩只有這些，那就錯了！高通膨跟高失業率讓各行各業都吃不消，再加上工會勢力龐大，公車司機、老師、地鐵司機、收垃圾的工人大家絡繹不絕加入罷工潮，倫敦曾經長達兩周沒有工人收垃圾，路旁的垃圾堆得比人還高。

七十年代是英國繼第二次世界大戰後最混亂的年代，此時許多英國人看不見國家的未來，紛紛移民到其他英語系的英聯邦國家，加拿大、紐西蘭、澳洲。

在這樣混亂紛擾的年代裡，伊莉莎白女王迎來登基二十五週年銀禧紀念（Silver Jubilee），「登基銀禧紀念」是英國君主可以慶祝登基的第一個紀念日，不是每位君主都能在位四分之一個世紀這麼久，女王的爸爸喬治六世跟曾祖父愛德華七世就沒能慶祝登基銀禧紀念。

鑒於英國經濟不好，女王登基銀禧紀念可以簡約慶祝，但幾經討論後皇室與政府決定好好慶祝這個紀念日，他們希望歡慶的氣氛可以鼓舞人民，而女王也決定盡她所能會見最多的人民來紀念這個銀禧年。

皇室公關團隊知道人民才是宣傳女王最好的媒體，「To be seen to be believed」只要多一個人見過女王，他（她）就會跟周遭的親朋好友講，這就是最好的宣傳。短短三個月內伊莉莎白女王的足跡踏遍英國本島跟北愛爾蘭三十六個郡，英國歷史上沒有君主在如此短的期間內造訪過如此多地方。所到之處人民揮舞著國旗，熱情地夾道歡迎女王跟菲利浦親王，光在蘭開夏郡就有超過一百萬人來看女王。

慶祝銀禧登基那幾天，光是在倫敦就舉辦超過四千場的街道派對，街訪鄰居把街道封起來，在中間擺上長桌，桌上放滿代表英國的食物跟裝飾，群眾狂歡謝謝為國家、為人民服務二十五年的女王。這樣的慶祝活動充分激起英國人民的愛國心，也讓他們短暫忘卻日益飆漲的生活費跟失業率。

登基銀禧紀念的正式出訪還包括英聯邦國家，澳洲、紐西蘭、東加、斐濟、塔斯馬尼亞、巴布亞新幾內亞、加拿大和西印度群島。據估計，女王和菲利浦親王在銀禧之旅的行程加起來超過十萬公里，他們與數不清的人民握手寒暄致意，替英國皇室做公關。

如此繁忙的行程當然不是只有支持的民眾會出現，也有反皇室的共和派從中擾亂。當女王訪問到北愛爾蘭時，一顆炸彈在女王行經路徑不遠處爆炸，伊莉莎白女王無所為懼地指示幕僚，自己依舊要走完所有在北愛爾蘭安排好的行程。

當出席在倫敦市政廳的慶祝銀禧登基午餐會時，女王說：「**二十一歲時我發誓此生要為人民服務，雖然這個誓言是在我很年輕，也沒經驗的時候立下的，**

**但我從來沒有後悔，也不會收回一個字。**」是的，轉眼之間，女王已經從剛登基時的二十六歲少女步入中年的五十二歲。

雖然女王不接受任何媒體採訪，但過去的二十五個聖誕節[1]大家都會看到女王在電視上發表演說；春天時在白金漢宮接見外國元首，賜封爵位給各界傑出人士；五月在白金漢宮花園派對招待對社群有貢獻的人民；六月在皇家賽馬會觀看賽馬，並在皇家閱兵慶典（Trooping the Colour）校閱三軍；夏天時回到蘇格蘭的荷里路德宮（Palace of Holyroodhouse）辦花園派對與蘇格蘭的子民交流；在巴爾莫勒爾城堡（Balmoral Castle）度過夏天並觀賞蘇格蘭高地運動會；十一月在倫敦主持議會開幕（State Opening of Parliament）；參加紀念世界大戰戰死英軍的國殤紀念日（Remembrance Day）及英國皇家匯演慈善會（Royal Variety Charity）每年舉辦的皇家大匯演，之後又到了聖誕節的演說。

這些年復一年的皇室公開活動，背後都有著上百年的歷史傳承，不管時代的洪流怎麼改變，伊莉莎白女王堅定的存在，時時提醒英國人民那些不可動搖的傳統，而這也是英國皇室存在的意義之一。

1 只有一九六九年皇家紀錄片播出那年沒有聖誕演說＞

LOUIS MOUNTBATTEN

# 深藍血的蒙巴頓伯爵

跟需要在大太陽底下辛勤工作的勞工階級不同，英國貴族可以待在舒適的室內喝茶看報，因此他們的皮膚更加白皙，也使得身上的血管更加明顯，這就是「藍血」貴族的由來，在英國貴族圈裡，蒙巴頓伯爵的血絕對是最藍的！在歷史上他因為是見證印度脫離英國獨立，並且畫分部分印度領土成立巴基斯坦的末任印度總督留名，在溫莎王朝裡深厚的勢力跟影響不常被提起。菲利浦親王在英國唯一親人，且被查爾斯視為祖父般尊敬跟信任的蒙巴頓伯爵對這對父子影響巨大，他此生最大志向就是把溫莎王朝變成蒙巴頓王朝……

始於混亂的七十年代也終於混亂，頻頻發動恐怖攻擊的愛爾蘭共和軍（IRA）在一九七九年八月二十七日炸死菲利普親王的舅舅蒙巴頓伯爵（Louis Mountbatten, 1st Earl Mountbatten of Burma）及其家人。

蒙巴頓伯爵官封英國皇家海軍元帥、國防參謀長、末任印度總督，要說英國貴族是藍血，那蒙巴頓伯爵絕對是最深的藍。除了是維多利亞女王的曾孫外，英王喬治六世，德國皇帝威廉二世都是他表哥，大姊嫁給希臘王儲安德烈（Prince Andrew），二姊嫁給瑞典國王古斯塔夫六世（Gustaf VI），哥哥娶的是俄羅斯沙皇尼古拉斯一世的孫女，歐洲眾多皇室都跟他家有關係。

嫁給希臘王儲的大姊正是菲利普親王的媽媽，因為爸爸被放逐，自小顛沛流離的菲利普來到英國後，很受到舅舅的照顧，也追隨舅舅加入英國海軍服役。當菲利普要娶伊莉莎白公主時，英國人民不是很能接受為什麼公主要嫁「外國人」，皇室趕緊一波又一波公關操作，強調菲利普媽媽是英國公主的英國血統，還有在二戰裡菲利普英勇為英國作戰的事蹟，最後菲利普還放棄原來的希臘姓氏，改成媽媽娘家非常高貴的英國姓氏：蒙巴頓。

出生在家族裡滿是皇親國戚的蒙巴頓伯爵比誰都瞭解聯姻帶來的利益，當知道姪兒跟將來會變成女王的伊莉莎白公主走在一起時，他比誰都想促成這樁婚事。畢竟公主婚後若是從夫姓[1]，那將來英國君主就會姓蒙巴頓，溫莎王朝就會變成蒙巴頓王朝，還有什麼會比這更光宗耀祖的呢？

沒想到他的如意算盤被皇室打亂，溫莎王朝可是從女王的祖父才開始，怎麼可以傳兩代就改成蒙巴頓王朝！英國皇室最大使命就是將溫莎王朝延續下去，所以伊莉莎白公主結婚後沒有冠夫姓，查爾斯也不姓蒙巴頓依然姓溫莎。

天生性格比較敏感纖細的查爾斯自小就很怕嚴格的父親菲利浦親王，再加上沒有爺爺，他跟蒙巴頓伯爵非常親近。蒙巴頓伯爵也很樂意當未來國王的榮譽祖父加心靈導師，透過與王儲良好親密的互動達到他對溫莎王朝更深遠的影響。

當查爾斯開始物色未來伴侶時，蒙巴頓伯爵自然給他很多建議，還介紹自己的外孫女阿曼達（Amanda Knatchbull）給查爾斯，他想著若是外孫女當上王儲妃就會是將來的王后，將來英國君主身上就會有蒙巴頓家族的血統。可惜阿曼達對皇室生活不感興趣，最後拒絕查爾斯。

這樣一位論軍階、官階、血統都是人中之龍的蒙巴頓伯爵竟然度假時在自己的遊艇上被愛爾蘭共和軍炸死，傳奇的一生就這麼戛然而止。他被暗殺給皇室、給人民的震撼不是普通的大，而愛爾蘭共和軍向如此高知名度的蒙巴頓伯爵下手，要給英國政府教訓的意味頗為濃厚。

失去蒙巴頓叔公的查爾斯王子非常沮喪，他在日記裡寫下：「我失去了生命中最特別的人，可以向他傾訴任何事情，也會從他那裡得到明智建議的人。」蒙巴頓叔公喪禮上神情哀傷的查爾斯走在靈柩後面，他悲傷的樣子被史賓賽伯爵家的女兒戴安娜注意到了……

「**你在喪禮上看起來很哀傷。**」是戴安娜與查爾斯初次見面時她對他說的話，這句話直接鑽進查爾斯的心裡，他看了看眼前這位才十九歲的少女，大大的藍眼睛裡透出同情，笑起來還帶有一絲靦腆，就像朵含苞待放的白色玫瑰。

大戴安娜將近十三歲的查爾斯，與從未交過男友的她不同的是，他是歐洲最有價值的王子，向來不缺女友，在眾多女友中卡蜜拉（Camilla Shand）在他心中的位子是最特別的。

查爾斯與卡蜜拉在一場馬球會上相識「**我高祖母愛麗絲**（Alice Keppel）**是你高祖父愛德華七世的情婦呢。**」卡蜜拉笑笑地對王儲查爾斯說，平易近人跟愛開玩笑的個性讓查爾斯感覺很舒服。跟查爾斯同年出生的卡蜜拉在塞克斯郡的一座莊園裡長大，父親是位成功的酒商，也是少校。這樣的家庭背景在重視血統的英國貴族圈裡不算上層，但卡蜜拉憑藉著個人魅力在上流社會很受歡迎。

認識查爾斯時，卡蜜拉有位交往多年分分合合的男友安德魯（Andrew Parker Bowles），他在貴族圈裡受歡迎的程度比卡蜜拉有甚之而無不及，跟卡蜜拉分分合合的同時，也跟查爾斯的妹妹安妮公主交往。

雖然與查爾斯很聊得來也常約會，卡蜜拉心裡知道當時自己最愛的人是安德魯，嫁給王儲當沒什麼自由的王儲妃，她完全沒興趣。查爾斯這邊，不管是奶奶還是蒙巴頓叔公，都覺得卡蜜拉不是好的王儲妃人選。英國皇室要的是過去如一張白紙的王妃，他們可不希望王妃的過往情史被媒體拿來大做文章。

當安德魯跟卡蜜拉求婚時，她欣然允諾嫁給當時自己深愛的男人，查爾斯也退回朋友的位置。但是王儲不能一直沒有王儲妃啊，查爾斯都年過三十了，在這個時間點，完美的戴安娜出現了，伯爵之女、又年輕又單純、又沒有交過男朋友，樣樣都符合皇室的期待。

半年後，查爾斯與戴安娜火速訂婚，一九八一年七月二十九日在聖保羅大教堂舉行盛大婚禮，全球有七億人觀看這次婚禮直播，戴安娜身穿長達八公尺的白色婚紗現身時，全世界的女孩們彷彿看到自己嫁給王子的美夢成真。而戴安娜的新娘捧花裡有蒙巴頓玫瑰（Mountbatten Rose），向查爾斯最親近，也最尊敬的叔公蒙巴頓公爵致敬。

1 在英國，女人結婚後要換夫姓。

QUEEN AND IRON LADY

# 女王與鐵娘子

伊莉莎白女王和柴契爾夫人都是實事求是、腳踏實地且直接明瞭的英國女性，兩人都有很強的職業道德，對丈夫很尊重外，對英國傳統也都有著堅定不移的信念。柴契爾夫人對女王非常尊敬，每次行屈膝禮時總是蹲得很低，每週會見女王時總是拘謹地坐在椅子的邊緣，照著帶來的議程戰戰兢兢地跟女王報告。她非常重視與女王會談的保密性，從不會因為政治利益而洩漏內容，但關於她們兩位不合的傳言卻從來沒有停止過……

一九八一年的那個皇家閱兵慶典，伊莉莎白女王跟往常一樣，乘騎在馬上雄赳赳氣昂昂地走在三軍遊行隊伍之前。突然間她撇見人群裡有位年輕人，眼裡充滿憤怒，她的直覺告訴她有危險，「碰碰碰」此時年輕人掏出槍來朝她開了六槍。伊莉莎白女王知道子彈沒有擊中自己，沉穩地騎坐在馬上繼續往前走，馬兒似乎受到驚嚇，她彎下身拍拍馬背安撫牠的情緒，就好像什麼也沒發生一樣……

這一幕透過電視轉播，幾千萬人看到了，不少電視機前的民眾比女王更驚恐，所以，剛剛是有人試圖暗殺女王嗎？

開槍的年輕人馬卡思．薩金（Marcus Sarjeant）當場被逮捕，審訊時說自己受到約翰．藍儂，美國總統雷根和梵諦岡主教約翰保祿二世遇刺的啟發，想成為第一個向女王開槍的人。好在他當時用的是空包彈不是真彈，所以沒有造成任何人傷亡。

隔年七月另一位年輕人麥可・費根（Michael Fagan）成功潛入白金漢宮，跑到女王房間，當時才早上七點，女王以為來把房間窗簾拉開的是仕女波波（Bobo MacDonald），仔細一看竟然是位陌生男子，而且手上還拿著敲碎的煙灰缸碎片，揚言要在女王面前割腕自殺。

女王沉著地跟這位不速之客聊天，試圖緩和他情緒的同時，也按下床頭旁邊的警鈴，由於當時正是皇家衛兵交接，沒人在崗上也沒人發現警鈴響了。直到早上來打掃的女僕推開女王房門時看到這位陌生人後，機警地去找衛兵來把麥可架走。前來善後的皇室工作人員擔心女王受到的驚嚇不小，沒想到她幽默地說：「**我每天都跟很多陌生人講話，這還難不倒我。**」

伊莉莎白二世不是唯一面對生死關頭時很平靜沉著的英國女性，當時的首相柴契爾夫人也是。一九八四年十月十二日保守黨在布萊頓召開年度黨員大會，柴契爾夫人率領內閣全員出席，凌晨兩點時有顆炸彈在他們下榻飯店被愛爾蘭共和軍（IRA）引爆，炸出深達四個樓層的大洞。

柴契爾夫人奇蹟似地逃過一劫，但仍有五人喪生，其中包括保守黨副黨魁安東尼．貝里爵士（Sir Anthony Berry），還有三十一人受傷，傷者中不乏重要內閣成員。當時人在美國參訪的女王馬上打電話給柴契爾夫人表示可以提前回國。「**謝謝您，陛下。但是如果您改變行程回來，這會讓愛爾蘭共和軍覺得我們很軟弱，會讓他們覺得得逞了。**」鐵娘子自己隔天早上九點如期出現在保守黨黨員大會上，容光煥發地發表演說，彷彿昨晚什麼事也沒發生一樣。

兩年前阿根廷軍隊無預警登上外海的英屬福克蘭群島（Falkland Islands），柴契爾夫人當然不容許這種在英國領土上插旗的行為，再加上當時是冷戰時期，要是沒對這種國際挑釁做出反應，就是給蠢蠢欲動的蘇聯政府傳達可以恣意妄為的訊息。

鐵娘子馬上派出英國皇家海軍浩浩蕩蕩從海上出發，前往福克蘭群島收復失土，這要是沒有英國三軍統帥伊莉莎白女王的允諾是不可能的。女王不但派出子弟兵，還派出兒子安德魯王子，當時追隨父親腳步在海軍服役的安德魯表示願意前往戰區，柴契爾夫人本想以安全理由拒絕，但女王支持王子的決定。這是英國傳統，打仗時貴族要領兵作戰，而不是躲在後方安逸。

兩個月後，英國與阿根廷簽訂停戰協議，重新奪回福克蘭群島主權，成千上百位的軍人家屬歡欣鼓舞地迎接自己的兒子、丈夫、兄弟、父親凱旋歸來，女王與親王也不例外，看著從前線回來的安德魯，兩人眼裡盡是驕傲與欣慰。

八十年代英國最有影響力的兩位女士，伊莉莎白女王與柴契爾夫人，雖然本質非常相似（腳踏實地，實事求是），然而年齡過於接近（僅差六個月），截然不同的行事風格與成長背景（柴契爾夫人出生勞工家庭）也讓兩人相處時有種微妙的不和諧，英國媒體直接將其解讀為兩人不合。

一九八六年七月二十日《星期日泰晤士報》頭版標題「冷漠的柴契爾讓女王感到沮喪」讓兩人的關係陷入低潮，標題的冷漠是指想讓英國經濟從重工業轉型到金融服務業的柴契爾夫人，在面對即將被淘汰的採礦業的鐵腕，跟反對向實施種族隔離的南非進行經濟制裁，尤其後面這個議題更是與女王立場相左，身為英聯邦領導人的女王，是站在大多數成員國的立場贊成對南非制裁的。

但不管女王怎麼想，從來不會在公眾面前發表想法是她一貫的做法，更別說是批評現任首相！那麼《星期日泰晤士報》這個大膽標題的消息來源是誰？原來是女王的媒體機要秘書麥克．謝爾（Michael Shea）逕自透露給媒體的，他沒有想到竟然會引起如此軒然大波。柴契爾夫人向來很尊敬女王，她不想讓人民覺得她跟女王對立，因為這會嚴重影響到她的政治生涯，女王不贊成她的所作所為也讓她很受傷，更別說還是透過媒體的頭條版知道的。

而女王也很難過，在位三十餘年第一次被爆出如此大的政治新聞，而且還是對她很忠誠的首相，她覺得自己沒有貫徹從父親那學到的智慧，君主要凌駕於政治之上，永不捲入政治漩渦中。「**那是我唯一一次看到她哭。**」女王妹妹瑪格麗特公主告訴朋友約瑟芬．洛文斯坦公主。

這位惹事的媒體機要秘書麥克．謝爾不久後就被調職了。

兩位很相似又很不同的女士一起工作了十一年，在柴契爾夫人要離開唐寧街十號時，她去白金漢宮向女王道別，走的時候眼眶裡含著淚。後來她跟副手辛西亞（Cynthia Crawford）說：「**當別人真心誠意對待你的時候，那個感動是最深刻的，而女王一直以來都是這樣對我。**」

鐵娘子沒有說錯，在她的八十歲生日派對上，當時已經罹患老人痴呆症的柴契爾夫人根本不認識來的賓客，女王還是出席了，她還輕輕拉著柴契爾夫人的手帶著她跟賓客聊天。當柴契爾夫人卸下權力多年後，伊莉莎白女王還是很真誠地對待這位服務她，服務英國十一年的前首相，從未改變過。

1992

# 多災多難一九九二

「一九九二年不是我會懷著喜悅回首的一年……這是可怕的一年。」難得在人前展現出情緒的伊莉莎白女王，面露沮喪地在演講裡提到這年有多不容易，女王四個孩子裡有三個在這年婚姻出現問題，皇室醜聞時常佔據頭條版之外，自己從小長大的溫莎城堡被大火嚴重損毀，人民質疑維持君主制的昂貴費用……如果我們是女王，這真的不是會帶著喜悅回顧的一年。

單身的查爾斯王子在一九八〇年訪問印度時曾說：「將來我一定要帶著妻子來參觀泰姬瑪哈陵。」蒙兀兒帝國第五代皇帝沙賈汗為了難產而亡的愛妻瑪哈王后，打造了這座天上人間最美麗的陵墓。查爾斯將來想帶妻子來參觀的浪漫，很符合他細膩的感情。

但是當一九九二年查爾斯帶著王儲妃戴安娜再度參訪印度時，卻只有戴安娜形單影隻造訪泰姬瑪哈陵，查爾斯因為有別的行程沒有共同前往，這讓英國媒體嗅出一絲不對勁，而很快地他們的猜疑得到證實……

皇室記者安德魯．莫頓（Andrew Morton）在同年六月出版的《戴安娜的真實故事》（Diana: Her True Story）裡揭露的內容，簡直打破大家可以想像的皇室八卦天花板。書中娓娓道來王儲妃許多不為人知的辛酸和辛苦，無意間聽到查爾斯躲在浴室裡打電話給卡蜜拉說：「**無論發生什麼事，我都會永遠愛你。**」戴安娜的世界徹底崩塌。以為嫁給深愛自己的王子，結果發現王子心裡一直有另個女人的戴安娜，不但身受厭食症所困擾，還曾經多次自殺未遂。

《戴安娜的真實故事》上市後，大家才知道原來公主與王子結婚後，在城堡裡沒有過著幸福快樂的日子。不只戴安娜的世界崩塌，人民的世界也崩塌，怎麼他們一直相信的童話故事根本不存在。

查爾斯還不是當年唯一爆出醜聞的皇室成員，同年四月安妮公主宣布與丈夫馬克．菲利普斯（Mark Phillips）上尉離婚。當時兩人因為馬克在紐西蘭有位私生女的事情已經分居三年之久，公主決定離婚是因為愛上侍從的海軍軍官提摩西．勞倫斯（Timothy Laurence），想與他再結連理。為愛勇敢的安妮公主成了女王第一位離婚的子女。

不讓哥哥姐姐搶走新聞頭版，女王最喜歡的安德魯王子，婚姻也在那年傳出驚天八卦。從福克蘭群島之戰凱旋歸來沒多久後，經由戴安娜的介紹，安德魯與莎拉・佛格森（Sarah Ferguson）結婚。

莎拉的父親是為王室工作的馬球經理，祖上也沒爵位，是真正平民嫁入王室的灰姑娘。雖說是平民出身，莎拉和女王因為愛馬而結下不解之緣，菲利浦親王也很欣賞她敏銳的幽默感，而且她對公公最喜歡的馬車駕駛也很感興趣，與公婆的關係相當不錯之外，莎拉接地氣的幽默感也很受英國民眾喜愛。

婚後安德魯王子還在海軍服役，全年只有約四十天在英國，沒幾年後兩人婚姻出現問題的傳言開始甚囂塵上。一九九二年八月已經和安德魯王子分居的莎拉和美國德州的財務顧問約翰・布萊恩（John Bryan）去南法聖特羅佩（Saint-Tropez）度假。當時不只戴安娜，莎拉也是狗仔很喜歡跟拍的對象，沒想到，就讓狗仔拍到讓人無比尷尬的照片。

照片裡的莎拉懶洋洋地躺在游泳池畔的躺椅上，約翰正在吮吸她的腳趾，更慘不忍睹的是，另一張照片裡還看到當時只有兩歲的尤金妮公主在旁邊，看著布萊恩親吻媽媽的腳趾。

這麼尷尬的照片上報的那個早上，莎拉正和其他王室成員在蘇格蘭的巴爾莫勒爾城堡過暑假。當時即使莎拉和安德魯已經分居，跟皇室的關係還是挺好的，所以被約去蘇格蘭跟著大家庭一起過暑假。當所有王室成員在吃早餐時，桌上的報紙頭版盡是莎拉被吸腳趾的照片，尷尬不堪的她馬上帶著兩個女兒逃離現場回到倫敦。

沒幾天後，又換查爾斯家上頭條，這次被爆料的是戴安娜。英國媒體公佈王儲妃戴安娜和當時的情人詹姆斯．吉貝（James Gilbey）之間的電話錄音。在長達半小時的談話中，詹姆斯稱呼戴安娜《小魷魚》（squidgy）[1]，並告訴她他愛她。戴安娜在電話裡除了不停地像小女孩般咯咯笑之外，還批評不少皇室成員，這次醜聞被英國媒體稱為《魷魚門事件》(Squidgygate)。

新聞一出來，英國人民才看懂原來王儲查爾斯跟王儲妃黛安娜的婚姻根本就是各玩各的，只是查爾斯的出軌對象只有一位，但戴安娜的情人有好幾位……

壓倒伊莉莎白女王的最後一根稻草是溫莎城堡大火，一九九二年十一月二十號近中午時，仕女在溫莎城堡內的維多利亞女王私人禮拜堂裡發現火苗，緊急連絡相關人員後，出動上百位消防人員，仍檔不住迅速蔓延的熊熊火勢。聞訊後從白金漢宮趕到溫莎城堡的女王，看著大火無情吞噬自己的家，眼裡有說不盡的悲傷……

與白金漢宮不一樣，溫莎城堡是伊莉莎白的家、是她長大的地方，作為伊莉莎白，溫莎城堡有她與家人許許多多的珍貴回憶，作為英國女王，溫莎城堡有它的歷史意義。

溫莎堡聖是每年嘉德騎士團聚會的地方，高貴的嘉德勳章（Order of the

Garter）是英國歷史最悠久，最高級別的榮譽勳章，由英格蘭國王愛德華三世於一三四八年建立的榮譽騎士團，恪守的座右銘是「心懷邪念者蒙羞」。

嘉德勳章的授勳由英國君主聖心獨斷，通常用來表彰對君主、對國家有卓越貢獻、對公共事業有傑出服務的人士，只有二十四個名額。嘉德勳章是至高無上的榮譽，被頒發的門檻非常高，常常不會滿額。每年六月嘉德騎士團會在溫莎城堡聚會，女王和所有騎士穿著深藍色天鵝絨長袍，頭戴黑色天鵝絨帽，帽上配有白色鴕鳥和黑色蒼鷺的羽毛，胸前戴著閃閃發光的嘉德徽章出席，這是英國皇室百年曆法中最傳統的儀式。

當伊莉莎白還是小女孩時，溫莎城堡是她跟爸爸、媽媽和妹妹最喜歡的鄉間別墅，一家人在這裡度過很多不被外界打擾的快樂時光。第二次世界大戰時，爸爸媽媽堅守在白金漢宮，她和妹妹被送到溫莎城堡躲避納粹德國的砲彈攻擊，長大成婚後，溫莎城堡也是她和菲利浦親王最喜歡的皇家居所。

溫莎城堡大火四天後在紀念登基四十週年的演講中，女王罕見地露出失落的神情說：「**一九九二年不是我會懷著喜悅回顧的一年……這是『可怕的一年』**[2]。」

溫莎城堡的修繕費預計要花上九千萬英鎊，這筆龐大的費用要由誰來買單？英國人民雖然敬重皇室，但他們不覺得應該由自己來支付這筆費用。最後英國皇室決定活化資產，開放溫莎城堡、白金漢宮及其他的皇室居所讓民眾參觀，所得的門票收入拿來支付修繕費用[3]。

在女王努力維護王室尊嚴的同時，英國公眾因為維持君主制的費用日益高升，開始對君主制展開激辯。女王主動採取措施，同意皇室開始向英國政府繳納所得稅，設法平息公眾的批評和不滿。

但女王萬萬沒想到的是這可怕的一年還沒畫上休止符，幾個禮拜後，在英國首相梅傑的同意下，王儲查爾斯與王儲妃戴安娜正式宣布分居，威爾斯親王與威爾斯親王妃的戰爭正式浮上檯面……

1 Squidgy 與魷魚 Squid 同音故翻成小魷魚，Squidgy 在英式英文裡是指很鬆軟，容易被壓扁的小東西。

2 女王演說原文用拉丁文 Annus Horribilis 表示是恐怖的一年。

3 溫莎城堡修繕工程，最後在菲利浦親王的親自督導下五年完工，共花費三千六百萬英鎊，遠低於當初估計的九千萬英鎊。

PRINCESS DIANA

# 香消玉殞的人民王妃

查爾斯二十六歲接受觀察者雜誌《Observer's》訪問時，談到他對婚姻的看法：「婚姻是在建立能持續五十年以上的伴侶關係。我想跟有共同興趣的人結婚；婚姻與階級無關，跟對彼此的包容有關，理想的對象就是彼此能並肩前行的人。」查爾斯當時其實已經對自己的結婚對象有明確的看法，符合眾人期望的戴安娜有符合王子的期望嗎？他們倆有沒有辦法建立起持續五十年相互扶持的伴侶關係？王子與公主結婚後在城堡裡過著幸福快樂的日子，童話故事都是這麼寫的，然而城堡裡的真實生活又是如何呢？

就在威爾斯親王查爾斯與親王妃戴安娜宣布分居後沒多久，英國媒體又爆料查爾斯與卡蜜拉之間的鹹濕對話，查爾斯開玩笑說自己想永遠住在卡蜜拉的褲子裡，甚至說如果變成棉條這個願望就可以達成。查爾斯這個比喻極富想像力，但這樣不莊重的話出自將來的一國之君，對查爾斯的形象有不可抹滅的傷害，這段對話的曝光也證實戴安娜的指控，查爾斯與卡蜜拉的確在各自的婚姻中出軌彼此。

一九九四年接受英國電視台《ITV》專訪時，查爾斯坦承卡蜜拉是他「非常親近的朋友」，這種婉轉又保守的說法，在英國人聽來就是王儲正式承認自己與卡蜜拉的關係，一時之間輿論又沸騰起來，各家媒體都想聽聽戴安娜的說法，可是沒有一家媒體有辦法得到她的首肯接受訪問。

當時《BBC》新聞調查報導熱門節目〈廣角鏡〉（Panorama）的記者巴席爾（Martin Bashir）找到戴安娜的弟弟史賓賽伯爵。他給了伯爵幾份匯款單影本，證明戴安娜身邊親近的工作人員已經被皇室收買，時時刻刻都在監視她，回報皇室她的一舉一動。巴席爾還告訴伯爵查爾斯的情人不只有卡蜜拉，他與威廉跟哈利的保母蒂吉（Tiggy Legge-Bourke）也暗通款曲，皇室更準備好在適當的時候「除去戴安娜」。

弟弟史賓賽伯爵看到巴席爾提出的鐵證——銀行匯款單據，很是震驚，立刻把所有消息都告訴姐姐。戴安娜在婚姻中最大的痛苦就是困在王室義務中的同時，得不到丈夫的愛，現在丈夫出軌的對象竟然還有和自己孩子關係親密的保姆！

長久以來和皇室關係緊張，認為自己如籠中之鳥的戴安娜，聽到皇室收買自己身旁親信的工作人員來監視自己時，馬上信以為真。忌妒丈夫對別的女人的愛，加上對自身安危的恐懼，戴安娜相信只有全力反擊才有辦法拯救自己，於是她答應巴席爾的採訪要求。

穿著黑色套裝，畫著黑色眼線，神色迷茫笑意全無，這是一個民眾不熟悉的戴安娜，她對著鏡頭說：「**我的婚姻裡有三個人，有些擁擠。**」

在訪談中侃侃而談的戴安娜不只一次說道：「**我不想也不會離婚，那從來不是我人生選項。**」回頭看戴安娜不愉快的童年經歷，可以理解她為何如此排斥離婚，戴安娜的媽媽跟她一樣年紀很輕就嫁入史賓賽家，最大的任務就是替家族生出男丁繼承爵位，連生兩個女兒後好不容易有個兒子，沒想到卻夭折了。再懷孕時，她向上天祈求這次一定要是個男孩兒，結果生下戴安娜。

好在幾年後媽媽又生了弟弟，史賓賽家終於有繼承人，但在弟弟與戴安娜很小的時候，媽媽再也受不了生活在貴族之家的壓抑，跟情夫遠走高飛後再也沒有回來。在這樣重男輕女家庭裡長大的戴安娜，多麼希望自己是男生，可以得到爸媽的矚目與無條件的愛，又多麼希望自己將來的婚姻可以幸福美滿，不要像自己的媽媽一樣。

在訪談中戴安娜也提到產後憂鬱、厭食症及自殘行為，這些消息與她丈夫的出軌對英國人民來說不是新聞，在過去幾年裡早就傳得滿城風雨。戴安娜也講到自己的幾位情夫，她不諱言舊情人詹姆斯．休伊特（James Hewitt）將兩人的往日情寫成《戀愛中的王妃》（Princess In Love）來賺錢給自己的傷害很大。

**「歷經多年的皇室婚姻後，我終於明白自己只是待價而沽的昂貴商品。妳很暢銷，所有人就都想把妳當搖錢樹，榨取妳來發大財。」**

在不為人知的私領域經歷過這麼多折磨與困難的戴安娜不諱言當自己因為皇室職責需要去拜訪許多被社會拒絕的吸毒者、酗酒者、愛滋病患時，她特別能感同身受他們所受的苦，也特別願意將愛分享給這些覺得自己不值得被愛的人們。

**「人們臨終前會比平常人更開放、更脆弱，也更真實，我非常感謝他們對我**

**的無所保留。」**

她也講到自己最頭痛的問題：「**過去十幾年，我三天兩頭就上頭條，穿什麼、做什麼、說什麼都要被報導。一踏出家門就有十幾台相機對著我，他們（狗仔）對我大喊，笑一個吧！戴安娜！戴安娜！這樣照片才能賣好價錢！我理解這是他們的工作，但無所不在的狗仔已經嚴重影響到我和孩子的生活。**」

這樣的高曝光度也是查爾斯跟皇室極不樂見，身為王儲，查爾斯希望人民能多多關注他，而不是自己的妻子，而英國皇室只能有一位巨星，那就是君主本人。

巴席爾問戴安娜她的興趣是否跟查爾斯相差很多時（暗指這也是他們婚姻觸礁的原因之一），戴安娜沒有正面回答巴席爾，只說：「**我丈夫跟我在工作上是很好的團隊。**」

巴席爾最後問到查爾斯是否希望自己可以成為國王時，戴安娜表示：「**我瞭解他的性格，擔任國家君主這個職務有很多框框架架，我不覺得他能夠適應。**」當被問到自己是否會當皇后時，她斬釘截鐵地說：「我**不會是皇后，但我希望自己是人民永遠的王妃。**」

訪談最後戴安娜表示：「**一切都還有未來，我的丈夫還有未來，我還有未來，君主制還有未來。**」這段訪問在 BBC 播出時英國有兩千四百萬人民觀看，看完後有九成民眾力挺戴安娜王妃，深深質疑王儲查爾斯根本無法勝任國王這個職務。

民眾排山倒海的支持沒有給戴安娜帶來未來，女王下旨兩人盡快辦理離婚！要說戴安娜這場訪問裡哪裡踩到皇室的底線？絕對是她說查爾斯不適合當國王這件事，這根本是動搖國本的發言，溫莎王朝最重要的使命就是世世代代延續下去哪。

離婚後的戴安娜仍然不停地被媒體、被狗仔追逐，不再有皇室保護的她一九九七年八月三十一日與當時埃及富商男友多迪（Dodi Fayed）在巴黎麗池飯店吃完飯離開時，為了逃避狗仔跟拍，司機在阿爾瑪隧道裡狂飆，戴安娜的座車發生嚴重車禍，最終不治身亡，享年三十六歲。

當戴安娜的死訊傳回英國後，民眾簡直無法相信親民又善良的王妃就這樣永遠離開，白金漢宮前轉眼之間被無數的弔念花束淹沒。向來很會隱忍自己情緒的英國人民因為戴安娜的離開哭得不能自己的時候，他們沒看到女王也沒看到親王，更沒看到查爾斯出來跟大家一起悼念戴妃。

**「這樣的皇室也太沒人情！」**

**「難怪戴安娜在皇室裡覺得孤單無依！」**

**「戴安娜在皇室裡悶悶不樂一定是真的！」**

對皇室的不滿跟批評與日俱增，音量越來越大，皇室還是靜悄悄的沒有任何反應。當時上任三個月的首相東尼．布萊爾（Tony Blair）趕緊直奔蘇格蘭巴爾莫勒爾城堡懇請女王移駕回倫敦處理這場公關危機。

從未對民怨作出回應的皇室，破天荒發出聲明澄清，希望民眾們理解，女王正在蘇格蘭陪伴剛失去母親的孫子們，並非對這件事漠不關心。伊莉莎白二世也趕緊帶著家人回到倫敦，在白金漢宮前對民眾表達謝意。戴安娜喪禮當晚，女王透過電視向大眾發表談話，對此民眾的反應兩極，有人認為女王沉著地表達對戴安娜的敬意，也有人認為女王談話時絲毫不帶感情，只是把稿唸完罷了。

要知道伊莉莎白在失去父親時，在公眾面前從沒掉過一滴眼淚，也沒有表現出痛不欲生的難過。身為君主，流露個人情感不是她應該做的，當時她的冷靜沉著得到英國民眾的一致好評；然而半個世紀後，一樣的冷靜沉著卻被解讀為沒有同理心，這其中很大的差別是人民真的太喜歡戴安娜，他們覺得過世的是自己的姊妹、女兒、家人，皇室怎麼可以這樣漠然以對?!

回顧戴安娜的一生，如果沒有一九九五年 BBC〈廣角鏡〉巴席爾的專訪，她跟皇室不至於撕破臉，也未必會這麼快離婚，也許就不會在巴黎街頭跟狗仔有死亡追逐；任誰都沒想到二十五年後，竟然被查出來當初巴席爾拿給戴安娜弟弟的鐵證銀行匯款單是假造的。當年協助巴席爾造假的 BBC 平面設計師馬修（Matthew Weissler）在接受 ITV 紀錄片《戴安娜的訪問：王妃的復仇》（The Diana Interview：Revenge of Princess）採訪時，親口承認自己在不知情的情況下幫巴席爾偽造文書！

事實上，早在那次採訪結束後就有媒體披露，巴席爾偽造銀行單據獲取戴妃弟弟的信任，當時 BBC 草草展開內部調查後倉促定論，戴安娜不是因為看到銀行單據才接受採訪的，因為這個採訪而聲名大噪的巴席爾之後還名利雙收。

正義在二十五年後終究來臨，BBC 正式對偽造文書之事道歉，向來與媒體保持友好關係的威廉王子極其罕見地發表措辭強硬的聲明，強烈譴責 BBC 工作人員對皇室散播駭人聽聞的虛假言論的惡劣行徑，但不論是道歉還是譴責都無法挽回戴安娜逝去的生命。

戴安娜的一生短短三十六年，對英國的影響非常深遠，後人說到她時總是先把沒有她年輕也沒有她漂亮的「小三」卡蜜拉臭罵一頓，但真的了解所有事情來龍去脈後會理解，就如同她在採訪裡講的「**我才是這段關係裡後來的那個人。**」

戴安娜留給後代的不是男歡女愛的八卦，而是她將英國皇室與人民的距離拉近，在她之前不論是女王還是查爾斯，都有種高不可攀的感覺；他們說話時用字遣詞的考究，會讓人覺得在讀莎士比亞，文字優美但也非常有距離感，然而戴安娜講的是庶民聽得懂的白話英文，這讓人民對皇室的親切感倍增。

作為一位慈愛的、率真的、頑皮的母親，戴安娜也將威廉和哈利養育成有同理心且仁慈的王子。坦率親民的威廉很得到英國人民的喜愛跟支持，有朝一日他會成為英國國王，有人民愛戴的君主才是溫莎王朝能延續下去的根基哪。

CAMILLA, QUEEN CONSORT

# 英國人眼中的卡蜜拉

哈利在回憶錄《備胎》（Spare）裡形容繼母卡蜜拉是個壞蛋，是婚姻中的第三者，是「危險人物」，「踩著一具具屍體往上爬」成為王后。哈利對卡蜜拉的敘述也是很多人對她的印象。卡蜜拉之所以不討人喜歡，最大的原因就是眾人把查爾斯跟戴安娜婚姻的失敗都歸到她身上，如果沒有卡蜜拉，查爾斯跟戴安娜就會永遠幸福快樂了嗎？「失敗的婚姻從來都不是缺乏愛，而是缺少友誼。」才是查爾斯跟戴安娜婚姻早早觸礁的原因，興趣嗜好天差地別的兩人從來就不是彼此的朋友……

戴安娜與世告別的方式真的太戲劇化，人們對她的驟然而逝覺得無法接受，他們生氣、憤怒、難過，覺得都是卡蜜拉破壞王子與公主幸福的婚姻，卻沒有理智地想想是不是王子跟公主本來就不幸福？

大家似乎也忘了戴安娜在 BBC 訪問中親口承認的情人就有四人之多，其中第一位保鑣情人貝瑞（Barry Mannakee）可是她結婚不到四年就開始了。戴安娜的情人裡不乏有婦之夫，這些也都被媒體大肆報導，但人們並沒有像批評卡蜜拉介入別人婚姻一樣地批評她。

戴安娜辭世時才離婚一年，婚姻受害者楚楚可憐的形象還深植人心。離婚後的她依舊成天被狗仔追逐，當時的男友是擁有哈洛德百貨的埃及富商穆罕默德．法耶茲（Mohamed Al-Fayed）之子，也是位回教徒。以當時的英國社會來看，如果戴安娜再婚回教男友，英國社會大眾的輿論可能不會太支持，對戴安娜的好感度也會下降。

但這些都不重要，戴安娜是如此完美如此善良，人們太替她的意外死亡感到不值，這股怒氣直接就衝到卡蜜拉頭上，她被視為地表最強小三、王室的禍害，名聲跌到谷底，但卡蜜拉畢竟是王儲將來要走在一起的對象哪，如何把查爾斯跟卡蜜拉重新拉回公眾視線又不被批評，讓皇室公關傷透腦筋。

靜靜等待兩年後，查爾斯在麗池飯店幫卡蜜拉姐姐辦生日派對，兩人分開到場但離開時刻意走在一起，這個鏡頭也被媒體捕捉下來。皇室公關團隊想藉由這次共同曝光來試探人民的反應，此時感覺民眾的怒氣已經沒有像戴安娜剛過世時的高昂，於是公關團隊開始慢慢地讓卡蜜拉跟查爾斯一起出公務，讓人民漸漸習慣兩人的身影。

當五十六歲的卡蜜拉頂著萬眾唾罵再嫁五十五歲的查爾斯時，女王與親王有參加祈禱儀式但沒有參加婚禮，皇室為了安撫民心發佈官方聲明：「卡蜜拉將來不會成為皇后（Queen Consort），只會是伴妃（Princess Consort）。」卡蜜拉也知道自己不受歡迎，所以主動提出使用「康沃爾公爵夫人」（Duchess of Cornwall）的頭銜，而不是使用戴安娜的「威爾斯王妃」（Princess of Wales）頭銜。

進入皇室後的卡蜜拉低調謹慎，就是希望民眾不要再怨恨她。要做到這一點，她認為最好的辦法就是遵循女王的原則，不抱怨不解釋（Never Complain, Never Explain）。頂著各種罵名也依舊兢兢業業代表皇室出席活動，低調積極地將自己奉獻在慈善工作上，盡到皇室成員的義務；她與前夫生的一雙兒女也極少在媒體曝光搶版面，每次只要有採訪，她都會把重點放在宣傳查爾斯，盡量降低自己的存在感。

十多年下來不只很多王室評論員注意到，連民眾都感覺到，有卡蜜拉在身邊的查理斯總是顯得很放鬆自在，笑容滿面地執行公務。每年聖誕節時兩人選來當為賀卡的照片，總是相視而笑的如此自然，跟戴安娜在身邊時的查爾斯判若兩人。卡蜜拉給查爾斯十足的信心和無條件的支持，這是查爾斯非常需要也是他從未在其他人身上真正得到過的。

在查爾斯四歲那年，母親伊莉莎白成了女王，他成了王位第一順位繼承人。剛上任的年輕女王忙於工作，無暇照顧查爾斯跟安妮，常常由皇太后（女王的媽媽）陪著小孩。有次女王和菲利浦親王在英聯邦到處訪問近半年回國後，查爾斯跟著外婆去碼頭迎接爸媽，沒想到女王一下船不是先抱抱親親許久不見的查爾斯，而是先和首相、官員及朝臣打招呼，年紀小小的查爾斯完全不理解為什麼自己在媽媽心裡的地位這麼比不上這些人……

到了上學的年齡，皇室為了彰顯王子公主和普通人家的小孩沒有區別，決定把查爾斯和安妮送去學校讀書，而不是跟女王當年一樣，在宮中接受私人教師的教導。皇太后希望查爾斯能進入許多貴族就讀的伊頓中學，但爸爸希望查爾斯能跟自己一樣到蘇格蘭的高登斯頓（Gordonstoun）就讀。高登斯頓是所斯巴達式管理的嚴苛學校，菲利浦本想藉此磨鍊查爾斯的意志，沒想到過猶不及，王子身份讓查爾斯在學校遭到霸凌，他本身性格又比較敏感纖細，沒辦法對霸凌直球回擊。在高登斯頓的求學經歷讓查爾斯失去了自信，開始變得畏畏縮縮，小心翼翼。

而戴安娜自身的成長背景也沒有從爸媽身上得到太多關愛，很小父母離異讓她很沒有安全感，嫁給大自己近十三歲的王子時，她覺得終於有雙臂膀可以保護自己、愛護自己。當兩個都極需被關注、被疼愛的人在一起，都想在對方身上得愛取暖，卻無法變成彼此的避風港時，這樣的關係勢必是驚濤駭浪多過於風平浪靜。戴安娜有許多優點，但適不適合當那位幫襯查爾斯在王位上發光發亮的伴侶，答案是否定的。

在查爾斯身旁默默付出許多年後，二〇二一年女王決定授予卡蜜拉代表英國最高榮譽的嘉德勳章，在卡蜜拉之前獲得嘉德勳章的皇室成員只有女王的四個孩子和長孫威廉。授予卡蜜拉這個至高無上的榮譽，明眼人一看就知道是皇室對她多年來努力付出的認可，也是力挺的表態。

皇室表態了，那人民呢？讓人驚訝也不驚訝的是網路上「卡蜜拉被授予嘉德勳章」報導下的留言區裡竟然不是一邊倒的罵聲。

**「不管怎麼說，不能只責怪卡蜜拉破壞戴安娜的婚姻，查爾斯一開始就不該娶一個不愛的人，婚姻觸礁戴安娜也有責任。」**

**「查理斯和卡蜜拉都相愛了五十多年，給他們多些祝福吧。」**

**「儘管媒體一直在罵她，卡蜜拉還是為君主制服務這麼多年，沒有抱怨。」**

**「卡蜜拉是查爾斯王子的忠誠夥伴，絕對配得上這個榮譽。」**

扭轉輿論的除了卡蜜拉自己的低調誠懇，認真做事外，還有其他皇室裡的「豬隊友們」。就算全世界都說她是小三上位，卡蜜拉也沒像哈利與梅根一樣在鏡頭前泣訴媒體不公，輿論霸凌，更別說還有被性侵案[1]官司纏身的安德魯王子。有這些人墊底，民眾也益發看見卡蜜拉的優點。

果然，女王在萬眾矚目的七十週年白金禧年聲明中表示，她很想念七十年前死去的父親以及去年逝世的菲利浦親王，也再次表示菲利浦是她的力量和後盾。她也感謝全國、全世界，不同種族、信仰和年齡的人們對她的善意「**你們持續不斷的忠誠和愛護，讓我感動也使我謙卑。**」

隨後，女王話鋒一轉：「**當查爾斯成為國王時，我知道你們也會給他和他的妻子卡蜜拉一樣的愛護。我衷心地希望，在那天來臨時，卡蜜拉能成為皇后，繼續履行皇室職責。**」為國家為人民服務七十年的女王如此溫柔有禮地希望大家能讓卡蜜拉當皇后，有誰能夠拒絕呢？

皇室如此光明正大地為卡蜜拉正身，要是放到二十年前，是想都不敢想的事情。這麼多年來卡蜜拉勤懇做事、低調做人、從不越皇室規矩一步的行事風格，不但被越來越多的英國民眾接受，也得到女王的認可。

為了慶祝即將到來的七十五歲生日，也是給了民眾機會多瞭解這位未來的皇后，卡蜜拉在二〇二二年罕見地接受英國版《Vogue》採訪。

「**真是抱歉，今天讓你們拍老太婆。**」這句話是拍攝當天卡蜜拉的開場白，她身上藍色的絲質長裙與她藍色的瞳孔相互呼應。雖然嘴上開著玩笑，但卡蜜拉展現出十足的熱情，攝影師按下快門的那一瞬間，她的臉上綻放出燦爛的笑容。

訪談中，編輯不可避免地問到那幾十年全民公敵的日子，「**在很長的時間裡，我活在公眾批判的眼光之下，但這也沒辦法的事，我只能找到自己的方式，接受這樣的生活。沒有人喜歡被別人一直批評……但最終，我跨過了這個難關，不再糾結，並讓生活繼續下去。**」

最後，在編輯好奇地追問下，她也提到自己和查爾斯的日常相處，她說已經過了花甲之年的兩人，平常因公務繁忙沒法常在一起，「**當我倆都有空的時候，一起坐下來聊聊天是件非常讓人開心的事。待在同個房間，坐在不同的角落各自讀著喜歡的書，是再美好不過的時刻。就這樣靜靜地待在一起，不需要交談，這種感覺十分放鬆自在。**」

卡蜜拉描述的歲月靜好不正是查爾斯二十六歲接受訪問時講的理想婚姻嗎？「婚姻是在建立能持續五十年以上的伴侶關係……而我想跟能理解我興趣的人結婚……」王子最終找到了幸福，但不是跟大家所期待的公主。

---

1 性侵案。戀童給人的感覺是喜歡十三、十四歲的青少年（女），但指控安德魯的維吉尼亞與安德魯發生關係時，只差幾個月就是十八歲的成年人了。

SOVEREIGN GRANT

# 皇室的錢從哪裡來

英格蘭的君主近千年下來累積相當多的資產，從十八世紀喬治三世開始就把這些資產得到的收益全部上繳給英國政府，政府再撥部分款項回去給皇室使用，讓政府跟人民也能受益的做法非常有遠見。這種雨露均霑的財政措施也保護了英國君主制，讓溫莎王朝得以在歐陸各國君主被推翻斷頭時還能存續下來。到底英國皇室擁有那些土地、房產、珠寶呢？女王自己又有哪些父親留給她的私人財富呢？

攝政街上人潮熙熙攘攘，這裡是倫敦最忙碌的街道，所有時尚品牌都想在這裡插旗開店，逛街的人們或許不知道，整條街上觸目所及的每棟建築物都是英國皇室擁有。緊鄰攝政街的聖詹姆士區（St. James）有許多高級餐廳和劇院，白金漢宮、皇家藝術學院、佳士得拍賣行、皇室頂級食材供應商福南梅森（Fortnum & Mason）都坐落在此區，而英國皇室也是聖詹姆斯區的大地主。

一七六〇年國王喬治三世成立皇家資產局（Crown Estate）來管理龐大的皇室資產，國王與政府達成協議，代表政府對皇家資產進行管理，資產局所有盈餘會全數上繳給財政部外，財政部也有權隨時瞭解皇家資產的總體配置及投資戰略。而英國君主每年會從財政部獲得固定金額的年度薪俸，稱為「民事清單」（The Civil List）。

時至今日，皇家資產局的資產投資組合價值超過七十三億英鎊，除了攝政街及聖詹姆士區的不動產外，從蘇格蘭北部的牧場到多塞特郡的礦場，甚至英國沿海的風力發電機座都要付租金給皇家資產局，從財政部領取固定的年度薪俸制度也一直沿用到伊莉莎白女王二世在位時。

人民上班會加薪，英國君主也會，由於從財政部領到的是固定酬勞，通膨加上皇室工作人員薪資，以及維修皇室居所的費用年年增加，如果不適時調整年度薪俸金額對皇室也不公平。不過調整皇室年度薪俸通常都會被媒體大肆報導，還會被政黨拿來當政治籌碼，或是趁機炒作廢除君主制的議題，所以皇室通常會等到捉襟見肘時才會向政府提出調整薪俸的要求。

二〇一一年伊莉莎白女王向當時的首相卡麥隆（David Cameron）提出增加年度薪俸的要求，因為薪俸已經十年沒有調整。當時的財政部長喬治·奧斯本（George Osborne）提議廢除固定金額的年度薪俸，改成由皇家資產局上繳財政部的盈餘中提出一定比例（目前是百分之十五）供皇室使用，稱作君主撥款（Sovereign Grant）。新的制度下，皇家資產局營運好的年度，皇室可以拿到比較多錢，營運不好的年度，皇室的錢就比較少，比較有彈性也不用再定期調整。

二〇二一年皇室拿到八千六百萬英鎊的君主撥款，這個金額看似很多，但當年皇室資產局上繳給財政部的盈餘是五億七千萬英鎊，英國國庫其實受惠更多。這筆君主撥款主要用於支付女王及皇室成員履行公務時產生的費用，這些公務包括：在英國和海外進行的皇室參訪、款待貴賓的國宴，也用來支付皇家住所（白金漢宮、溫莎城堡、肯辛頓宮、克拉倫斯宮等）的修繕費用，皇室僱員的薪水等等。

英國皇室現在大概有一千兩百位工作人員，總共分為五個部門；負責安排國內外所有官方日程，還有就憲法問題提供建議的私人秘書辦公室，負責管錢的財務部，負責維持所有皇家住所及國宴招待的內務部，負責安排所有公眾活動，包括遊園會、國事訪問、皇家婚禮和議會開幕式的宮務部，及負責皇家收藏品的保管和展示的皇家收藏信託基金。簡而言之，英國皇室就是一家有上千名員工的百年企業，而女王就是企業執行長。

要維持如此龐大的企業運作，光靠君主撥款是不夠的，女王另外還有兩個重要的收入來源；蘭開斯特公爵領地（Duchy of Lancaster）的收入及私人財富。英國君主也兼任蘭開斯特公爵，蘭開斯特公爵名下有許多領地及不動產，例如：倫敦知名的薩扶伊飯店（Savoy Hotel）等等，這些土地、財產和資產組合產生的收入會用於女王的官方和私人支出。跟皇家資產局一樣，蘭開斯特公爵領地也是以信託方式持有，女王及皇室並無權處置或變賣這些資產。

女王還有來自個人投資和私人莊園的收入，例如：桑德林漢姆莊園（Sandringham House）以及蘇格蘭高地的巴爾莫勒爾城堡（Balmoral Castle），這兩座莊園是從她父親那裡繼承得來的私人莊園。這些皇室私有的官邸、城堡、藝術珍品和皇冠珠寶都是英國君主代表國家持有的，君主雖然擁有但是無權出售這些資產，它們必須傳給下任君主。

當女王與菲利浦親王忙於國政與皇室財政時，世人常以為查爾斯王子閒閒沒事做，就等著繼承王位，其實是非常大的誤會。王儲威爾斯親王也兼任康沃爾公爵，康沃爾公爵領地（The Duchy of Cornwall）是英國最大、最古老的領地；一三三七年由英格蘭國王愛德華三世創建，所有的土地和收入都屬於王位繼承人威爾斯親王所有。

查爾斯王子二十一歲被冊封為威爾斯親王的同時也成為第二十四任康沃爾公爵（Duke of Cornwall），從那時候開始，他就是康沃爾公爵領地管理委員會的主席，帶領專業團隊管理這些資產。康沃爾公爵領地在英格蘭有近十三萬英畝的土地，包括錫利群島（Isles of Scilly）、大部分的達特穆爾國家公園（Dartmoor）和兩百多座農場，並持有超過九千萬英鎊的金融投資。

跟其他皇室資產一樣，這些公爵領地都是信託持有，威爾斯親王不能隨心所欲地變賣這些資產，超過五十萬英鎊的土地交易還必須得到財政部批准。威爾斯親王每年可以從公爵領地獲得可觀的收入，二〇二一年公爵領地有兩千三百萬英鎊的盈餘，絕大部分用來支付查爾斯一家（包含妻子卡蜜拉，兒子威廉和哈利）的家用及慈善工作費用。

要知道當年查爾斯接手康沃爾公爵領地時，每年盈餘才十萬英鎊左右，查爾斯跟團隊將公爵領地經營得有聲有色，利潤翻倍。雖然現在大部分的盈餘來源是商業不動產投資，但世世代代在康沃爾公爵領地上耕作、畜牧的農家是查爾斯特別看重與照顧的。除了定期拜訪他們外，查爾斯每年還會送給這些農家特別挑選的聖誕禮物，也會邀請他們參加白金漢宮的女王花園派對。

查爾斯個人對環保也非常有興趣，早在八〇年代就很有保護環境永續經營的理念，不但在康沃爾公爵領地上種植超過二十萬株的樹苗，也制定二〇三〇年領地要實現淨零碳排放的計劃。除了環保議題外，查爾斯厭惡鋼筋水泥的現代建築，喜歡英格蘭傳統鄉村風格的建物，他在領地上的多切斯特郊區建造一座全新的村莊：旁伯利（Poundbury），這裡結合查爾斯長期以來對傳統建築的偏愛，以及以前很小眾但現在很流行的道路措施——為了減低污染而禁止汽車行駛的街道。

在主管的康沃爾公爵領地上，不論是對農民的照顧還是打造自己的理想小鎮，都顯現出查爾斯的浪漫情懷。女王逝世後，查爾斯繼位變成查理三世，威廉卸下劍橋公爵的頭銜，變成新任威爾斯親王與康沃爾公爵，接手公爵領地的威廉會繼續承襲查爾斯的經營模式，還是發展出自我的經營哲學，就讓我們拭目以待。

HRH THE PRINCESS OF WALES

# 久違的皇室婚禮

威廉與哈利不同，威廉將來是要當國王的王儲，他的妻子也會是英國皇后及下任君主的母親。因此，另一半要能和他分擔重責大任，齊心往前是非常重要的。在選擇伴侶時，威廉非常小心，沒有重蹈當年父母在不了解彼此就閃婚的覆轍（弟弟哈利則是完美複製）。威廉跟凱特認識、交往許多年後才結為連理，他們不但是夫妻，也是彼此的好友。凱特作為理解且尊重傳統的英國女人，再加上在威廉身邊多年後，深諳各種皇室規矩和低調的處世態度，這讓她後來在皇室生活中遊刃有餘，人民也對這位平民王妃（將來的平民皇后）非常喜愛。

西敏寺教堂外面的人群歡聲雷動，坐在裡面的數千位賓客都被外面傳來的熱情掌聲及歡呼震撼到。教堂走道盡頭站著穿著軍服的威廉跟哈利，當凱特挽著爸爸的手走進教堂時，哈利偷偷回頭看未來嫂子後，調皮地跟旁邊緊張的哥哥說：「**你再忍耐一下就可以看到她了。**」

教堂裡凱特緩緩地朝威廉走去，她的婚紗跟戴安娜的婚紗一樣，在婚禮前是最高機密，除了設計師、裁縫跟凱特以外沒人看過。婚紗上的蕾絲貼花是由漢普頓宮的皇家刺繡學院手工製作，裁縫師們用愛爾蘭傳統工法手工裁剪出蕾絲的玫瑰（英格蘭國花）、薊花（蘇格蘭國花）、水仙花（威爾斯國花）和三葉草（北愛爾蘭國花）後，縫製到象牙色的絲綢薄紗上。

這件典雅的蕾絲婚紗由英國知名品牌亞歷山大・麥昆（Alexander McQueen）的設計師莎拉・伯頓（Sarah Burton）操刀，選擇亞歷山大・麥昆是因為該品牌向來尊重傳統工藝以及完美融合古典與現代元素的功力，這也正是凱特希望自己能帶給皇室的新氣象。

凱特的皇冠（Tiara）是鼎鼎大名的卡地亞Cartier Halo皇冠，是喬治六世送給太太的結婚十週年禮物，女王的媽媽在她十八歲時將這頂皇冠做為生日禮物送給她。在英國皇室眾多的皇冠裡是很低調的一款，會選擇這頂皇冠也說明凱特的性格不是張揚型的。

凱特的鑽石耳環是爸媽送的結婚禮物，橡樹葉下有顆大水滴垂墜著橡樹的果實，選用橡樹是因為凱特在橡樹環繞的英格蘭柏克郡（Berkshire）長大，橡樹在英格蘭也象徵著「堅韌」。

凱特的捧花以桃金孃、鈴蘭、風信子為和石甜竹為主花，石甜竹的英文叫甜蜜的威廉（Sweet William），這是對新郎的致意。皇家新娘在捧花中用桃金孃的傳統可以追溯到維多利亞女王時代，伊莉莎白女王婚禮捧花裡也有使用。

與威廉官宣布訂婚時，凱特手上戴著全世界上最著名的訂婚戒指：戴安娜王妃的藍寶石戒指。與皇室其他的訂婚戒指不同，戴安娜這枚戒指不是訂製款，早在她訂婚幾年前皇家珠寶商傑拉德（Garrard）的目錄就有這枚戒指。雖然不是特別訂製款，戒指的設計還是跟皇室很有淵源，它的靈感來自於亞伯特親王送給維多利亞女王的藍寶石胸針。這枚胸針後來傳給伊莉莎白女王二世後她時常配戴，所以當查爾斯看到這枚戒指時備感親切。

當這枚藍寶石戒指出現在凱特手上時，全英國人民的心都要融化了，他們從小看著長大的威廉，要結婚了！而且娶的是跟自己交往多年的平民女孩。

跟威廉同年的凱特出生於柏克郡的一個富裕家庭，爸爸從商而媽媽曾經是空姐，她畢業於聖安德魯大學美術史系，同時也是曲棍球健將跟網球雙打的能手。當凱特與威廉在大學相遇時，他們只是朋友，隔年才開始交往，將關係保密大約一年之後，《太陽報》刊登兩人在瑞士滑雪度假的照片，他們的共同朋友也證實兩人正在交往中。

從戀情曝光開始，凱特跟家人、朋友就被大量媒體包圍，有各式各樣的報導直接或間接影射凱特媽媽是多麼有心機，讓女兒從小去上昂貴的私立學校接觸貴族圈，又是多麼處心積慮要讓女兒嫁給王子，更有許多媒體對凱特的平民出身冷嘲熱諷，對於這些媒體的惡意報導凱特與家人從未做出回應。

威廉從聖安德魯大學畢業後進入桑德赫斯特皇家軍事學院（Royal Military Academy Sandhurst）就讀，英國雖然是民主國家但三軍統帥是英國君主，所以皇室特別重視軍人，進入軍校就讀是英國王子們的必經之路。二戰時，當時還是公主的伊莉莎白女王也責無旁貸扛起守衛家園的責任加入英軍預備役，學習駕駛和保養卡車，在後勤支援。

當二〇〇六年凱特出席威廉在桑德赫斯特皇家軍事學院的畢業典禮時，媒體都知道她這次的出席意義重大。因為這是她第一次與其他皇室成員（包括女王）參加皇室活動。經過四年的交往，皇室終於認可凱特，而這次與皇室公開現身也引發大量「王子即將跟她求婚」的謠言。

結果！沒多久後威廉決定和凱特分道揚鑣，當時兩人都已經畢業開始工作，凱特是時裝品牌採購，威廉是裝甲兵指揮官實習生，不同的職業生涯讓他們不再像在學校時有許多時間相處，威廉覺得雙方還很年輕，也需要再多認識自己，多看看世界。

英國媒體大幅報導這次分手並臆測各種原因，有說凱特平民背景配不上皇室的，有說查爾斯叫兒子不要太早結婚的，有稱她「等待的凱特」（Waity Katy）暗諷她這輩子就只等著王子跟她求婚的……當時才二十五歲的凱特，每天被媒體追著跑，但是她依舊平穩從容，沒有隨著媒體起舞自爆更多的料，也沒有被拍到哭哭啼啼，她照樣過著生活，和媽媽妹妹出門吃飯、參加划舟募款慈善活動。

幾個月後，威廉跟凱特復合，幾年後，威廉終於在非洲肯亞高山上的小木屋裡跟凱特求婚。當時他倆在肯亞旅行，「**我把媽媽的訂婚戒指放在背包裡，走到哪我都緊抓著背包，要是把這枚戒指搞丟我就完蛋了。**」威廉在二〇一〇年宣布訂婚後接受媒體訪問時說道。

不可避免的，在這段訪問裡他們被問到之前分手的那段期間。不常面對媒體的凱特在鏡頭前面明顯比威廉緊張許多，但她還是很努力、很誠懇地回答記者的問題，「**那時候我並不開心，但這次分手讓我蛻變成更堅強的人，也讓我發現藏在內心深處但從未注意到的力量。**」

比較卡蜜拉與凱特都是在跟王子交往多年後才被皇室接受，當哈利宣布跟梅根交往後沒幾個月，梅根就被邀請與其他皇室成員一起過聖誕節，顯示出皇室對梅根的禮遇。英國媒體的不受待見與嚴苛毒舌，卡蜜拉與凱特絕對比梅根承受更多，凱特在與威廉交往時，媒體至少駭入她的手機上百次，想挖出驚天八卦，結果什麼都沒發現。

凱特在婚前被媒體揶揄成天只等著嫁王子，沒出過社會不懂得自力更生的傻女孩。然而，嫁入皇室後，她把「王妃」這個工作做的是讓英國人民越來越滿意。凱特的性格裡有英國女人的樸實勤奮，挺著孕肚還是到處履行公務、三個小孩只雇用一位保姆、頻頻舊衣新穿被稱為「最佳重複著衣王妃」。

凱特也小心翼翼地經營媒體關係，她深知媒體是雙面刃，太多被媒體捧紅的溫莎家族成員，不消時日就從雲端跌落谷底，被媒體嫌棄。她選擇追隨女王的做法，和媒體保持良好關係但有適度的距離。多年下來，凱特學會如何在二十四小時媒體環伺下當王妃，她總是衣著妝髮得宜、微笑面對鏡頭，從不出錯，即使用放大鏡檢視也很難挑出毛病。

而且最重要的是，她和女王一樣，什麼都不說，人們就會把自己喜歡的形象投射在她身上。

DIAMOND JUBILEE

# 那年的倫敦很熱鬧

那年夏天，是個狂歡不間斷的夏天，六月是伊莉莎白女王二世登基六十週年鑽石禧年，緊接著是七月倫敦奧運！連續四天的鑽石禧年慶祝活動，有上百萬英國人揮舞著國旗，或穿戴各種有國旗元素的裝飾品，歡欣鼓舞地走上街頭幫女王慶祝。而女王也帶著皇室所有成員參加所有官方慶祝活動，感謝大家熱烈支持。英國奧運代表隊更在倫敦奧運勇奪六十五枚獎牌，其中有二十九枚是金牌，繳出有史以來最棒成績單。整個夏天，倫敦的空氣中瀰漫歡樂的氣息，人們都希望能再幫女王慶祝下個十年，屆時她就會是英國歷史上在位最久的君主……

二〇一二年是女王登基六十週年的鑽石禧年（Diamond Jubilee），伊莉莎白女王二世是英國歷史上第二位慶祝鑽石禧年的君主，之前是維多莉亞女王。女王登基五十週年的黃金禧年雖然全國也有大型慶祝活動，但在慶典開始幾個月前妹妹及媽媽相繼過世，總覺得慶典上女王的笑容帶有落寞，這次難得的六十週年鑽石禧年，最會辦趴踢的英國人全員出動幫女王慶祝。

連續四天的鑽石禧年慶祝活動高潮迭起，週六先從女王最喜歡的德比賽馬會（Epsom Derby）拉開序幕，愛馬的女王每年除了皇家賽馬會（Royal Ascot）之外，德比賽馬會也絕對親自出席。德比賽馬會是英國幾個歷史最悠久的賽馬會之一，也是英國上流社會重要的社交場合，參加的女士們頭頂上的帽子各個爭奇鬥艷，男士們則是帶著高禮帽，鑽石禧年的德比賽馬會上有二十萬人共襄盛舉與女王一起歡慶。

週日有盛大的皇家遊船，超過千艘的各式船隻、划槳小船、帆船、獨木舟、遊艇與女王及皇室成員乘坐的「皇室之舟」浩浩蕩蕩在泰晤士河上航行，一路經過國會大廈、倫敦眼、千禧橋等著名景點，最後來到倫敦塔橋。遊船時河岸兩旁有紅、藍、白（英國國旗顏色）的裝飾以及煙火音樂點綴。雖然當天倫敦下著滂沱大雨，卻完全不減民眾興致，大家冒雨站在河岸邊等待遊船隊伍經過。在如此惡劣的天氣中，女王及菲利浦親王堅持全程站在船頭向在雨中等待的民眾致意，要知道他們兩位都是近九十歲的老人家，直挺挺地在船上站三小時完全沒有坐下，看的出來女王和親王對人民的尊重與感謝。

週一晚上白金漢宮前的演唱會又聚集了數十萬民眾向女王致敬，這場演唱會由世界知名音樂人共同參與，演出的有艾爾頓強爵士（Elton John）、披頭四的保羅．麥卡尼爵士（Paul McCartney）、三度演唱〇〇七主題曲的雪莉．貝西女爵士（Shirley Bassey）等等知名歌手。演唱會後超過四千座烽火在英聯邦各地紛紛點燃，共同慶祝女王鑽石禧年。慶典的最後活動是聖保羅大教堂感恩禮拜，禮拜過後，女王與皇室成員乘坐馬車回到白金漢宮，在陽台與民眾揮手致意並觀看女王侍衛隊表演。

鑽石禧年慶祝活動上，女王穿著一套套由私人造型師安琪拉．凱莉（Angela Kelly）替她打造的禮服。德比賽馬會時女王身穿白底藍色碎花短版禮服，外搭藍色大衣，頭戴藍色禮帽。安琪拉沒有用代表皇室的「皇家藍」，而是用更淺更亮更適合夏天的藍。

泰晤士河皇家遊船時女王身穿白色套裝，領口和前襟有活潑的荷葉滾邊，搭配同色系帽子和披肩，這頂白色帽子不對稱的設計非常有特色，帽緣的拼貼羽毛裝飾精緻時髦又不失氣勢。

白金漢宮演唱會時女王穿有大片刺繡的金色長禮服，金色光澤感的絲綢讓女王在人群中閃閃發光。在白金漢宮陽台上向民眾揮手致意時，女王身穿淡薄荷綠套裝，頭戴配套的帽子，衣領和帽子上都有雪紡紗及水鑽裝飾，很有節慶感又不失優雅。

個兒不高的女王要在人群中一眼被看到，穿什麼顏色的衣服非常重要。向來是「皇室時尚代表」的女王，從常人很難駕馭的螢光色到沉穩大器的黑白灰，從各式套裝到晚禮服，沒有不敢穿或者穿不好的，這些用色大膽又別出心裁的設計都是出自御用造型師安琪拉之手。

與女王十分親近的安琪拉並非貴族，她出生在利物浦的工人家庭，媽媽是裁縫師，爸爸是碼頭工人。從來沒有進過專業學校學過設計的安琪拉一九九二年在德國柏林英國大使館內當管家，有天大使告訴大家要嚴加戒備安全跟做好準備歡迎貴客來訪，安琪拉萬萬沒想到來訪的貴客竟然是女王和菲利浦親王。

當結束外交訪問要返回英國時，女王和親王親自向大使館內的工作人員道謝外並送給每人一個繡有女王名字縮寫的小禮物，到安琪拉時女王隨口問道：

「聽說下一位要來大使館訪問的也是貴賓，不知道是誰呢？」安琪拉竟然回女王：「陛下，我有簽保密協定，不能透漏是誰。」這時在旁邊的菲利浦親王說：「她是女王耶，妳可以說吧。」安琪拉還是婉拒回答，並且把女王送的禮物退回去：「陛下，我不能收您這份禮物。」

幾個禮拜後安琪拉從大使館辭職要搬回英國時，她接到白金漢宮工作人員打來的電話，問她想不想幫女王工作？安琪拉的人生自此改變，後來進入白金漢宮的安琪拉才知道是女王指定要找她。安琪拉被女王雇用的過程也讓人了解，要在皇室裡工作除了專業能力外，口風緊、守得住秘密的操守更是重要。

進入白金漢宮僅僅三年時間，安琪拉就憑藉出色表現升職為高級服裝造型師，之後成為女王的個人助理。所有重要場合，女王都把自己的造型放心地交給安琪拉來打理。身為女王最貼身的工作人員，女王對安琪拉的信任不言可喻，兩人的關係比雇員和僱主還多些溫暖與輕鬆，安琪拉和女王會一起喝茶，聊衣服、珠寶、化妝品，也會聊聊孫子孫女最近發生的事。安琪拉曾在採訪中表示，女王有著「壞壞的幽默感」，特別擅長模仿別人說話的口音，還能模仿她的利物浦腔調。

因為安琪拉跟女王的良好關係，倫敦奧運開幕式導演丹尼·鮑伊（Danny Boyle）特別請安琪拉去請示女王對出場計畫的同意。鮑伊執導過《猜火車》、《貧民百萬富翁》等知名電影。本屆（二〇一二年）奧運是繼一九〇八年和一九四八年後，倫敦第三次取得夏季奧運舉辦權，這也使得倫敦成為舉辦奧運次數最多的城市；鮑伊想讓這次的開幕式充滿英國元素，展現英國是戲劇、音樂、文化大國的軟實力，最重要的還有——英國人最引以為傲的幽默感。

鮑伊原本的計畫是請飾演詹姆士龐德（James Bond）的丹尼爾·克雷格（Daniel Craig）到白金漢宮接女王乘坐直升機到會場，知名演員海倫·米蘭（Helen Mirren）會扮演女王。沒想到，安琪拉去請示完女王後跟鮑伊說，女王願意本人出演（但不包括從直升機跳下來那段）；另外，女王還問可不可以幫她加些台詞，劇組聽到回覆後，喜出望外地感受到女王強烈的支持與鼓勵。

開幕當天，全球上億觀眾看到龐德西裝畢挺走進白金漢宮會晤女王，女王僅有的一句台詞是：「**晚安，龐德先生。**」他們雙雙坐上直升機，飛越英國各大地標，從大笨鐘開始，沿著泰晤士河一路向前，經過倫敦市中心，最後停在奧林匹克主體育場上空。此時，女王和龐德從直升機一躍而下，兩人從天而降到會場裡，此時場內的小學生開始唱英國國歌《天佑女王》，場內的英國國旗也緩緩升起。

這個短片裡有很多小細節，例如：女王最初對龐德的「愛搭不理」，與對柯基犬的「有愛對視」，短短幾分鐘的影片把英國人的「傲嬌幽默」、「可愛可氣」生動活潑地透過全世界知名度最高的兩位英國人——龐德與女王，完美呈現在全球幾十億觀眾面前。

女王如此別出心裁的出場，也是全奧運史上最讓人津津樂道的國家元首出場，這段出場影片直至今日還在網路上廣為流傳。八十多歲的女王一口答應這個出場計畫，一來表現出她的幽默感，再來表現出女王為了宣傳英國文化的高配合度，這個數十億人看過的出場短片正是女王展現軟實力，將英國文化巧妙地輸出到全世界各個角落的最佳範例。

PRINCE ANDREW

# 安德魯的災難採訪

伊莉莎白女王二世有四個孩子——查爾斯、安妮、安德魯跟愛德華，據聞安德魯是最得寵的孩子，因為他出生時女王已經鞏固王位，有更多時間可以陪伴小孩。活潑的安德魯跟內向的哥哥查爾斯很不一樣，年輕時的安德魯帥氣幽默，還為了國家前往福克蘭群島作戰，人民非常喜歡他。但隨著軍旅生涯結束，女王指派安德魯當英國貿易推廣大使之後，自幼在皇室裡被保護得很好的王子，就像誤入叢林的小白兔，一步步走進野狼與獵人的圈套……

女王的長子查爾斯在一九四八年出生，安妮小他兩歲，兩人出生時伊莉莎白還是公主。查爾斯四歲的時候，伊莉莎白變成女王，自此跟菲利浦親王公務繁忙，還有一班年長又難纏的朝臣跟政客要管理，還得頻頻出訪海外鞏固英聯邦的勢力，以及拓展英國在國際上的關係。女王跟親王此時無暇顧及兩個年幼的孩子，女王的媽媽負責照顧孫子孫女，所以查爾斯跟外婆比跟媽媽更加親近許多。

安德魯比查爾斯小十二歲，他出生時女王已經坐穩王位，有更多時間可以花在小孩身上，傳聞當時女王與親王的感情更加深厚，安德魯就是愛的結晶，所以他從出生就很得到女王的偏愛，這個傳聞也在日後女王對他許多的寵溺中也得到證實。女王還趁著安德魯出生把皇室非繼承者子女的姓氏改成蒙巴頓．溫莎（Mountbatten-Windsor），也就是菲利浦親王的姓氏蒙巴頓加上女王的姓氏溫莎。

在查爾斯出生時，當時女王爸爸喬治六世最重要的職責就是維護溫莎王朝，所以拒絕讓查爾斯從父姓蒙巴頓，因為這樣等查爾斯變成國王時，英國就會是蒙巴頓王朝而非溫莎王朝。菲利浦親王對這件事耿耿於懷，還跟友人抱怨他是「全英國唯一小孩不能跟自己姓的男人。」一向很尊重菲利浦親王的女王在年輕時無力讓小孩從父姓，愛德華出生時剛好給權力已經穩固的女王一個機會改小孩姓氏[1]。

由於當時英國王位繼承法還沒有改，女性沒有繼承權[2]，安德魯出生後王位繼承權排第二位，在姊姊安妮公主前面。排第二位的王位繼承人看似很重要，但其實是備胎，是不是真重要完全要看哥哥有沒有順利長大成人結婚生子，要是哥哥一路平安隨著下一代出生，原本排在第二順位的王子就會被一直往後排，在皇室的重要性越來越稀薄。不過，備胎的好處就是享有王儲享受不到的自由，當哥哥在被當成未來接班人嚴格訓練時，備胎可以不用承受繼承王冠的沉重壓力，又可以享受榮華富貴的特權生活。

外向活潑的安德魯跟敏感內向的查爾斯很不一樣，他遺傳到爸爸的運動細胞，從小體育就很好，成年後直接步入爸爸後塵進入英國海軍服務，在福克蘭戰役中表現優異，凱旋歸國時女王跟親王簡直以這個兒子為榮，人民對愛國王子的好感度也直線上升。不久後安德魯與莎拉・佛格森（Sarah Ferguson）完婚，女王冊封他們為約克公爵及公爵夫人。女王爸爸結婚時也是被冊封為約克公爵，這是個非常尊貴的公爵爵位，女王把這個爵位賜給安德魯看得出來女王對他的寵愛。

不過，在軍中服役二十二年退役後的安德魯似乎對再下來的人生無所適從，當時他剛邁入不惑之年，已經跟莎拉離婚，有兩個女兒要養，有高額的贍養費要付，再加上他各種奢侈嗜好，去高級高爾夫球渡假村、坐遊艇、私人飛機、去聖特魯佩思、瑞士阿爾卑斯山豪華度假勝地等等，他每年可以從君主撥款（Sovereign Grant）中拿到的二十五萬英鎊，跟他的花費比起來根本入不敷出。

不久，女王就安排安德魯接任英國國際貿易特使一職，負責到海外吸引企業、富豪到英國投資。這個職位有很多跟大筆資金扯上關連的機會，這些錢不見得全都很乾淨透明，此時貿易特使夠不夠老練深沉，能不能在各種誘惑前做出睿智的判斷非常重要。安德魯上任沒多久就被王室助手形容是「傲慢和愚蠢的最爛組合」，他把這個特使位子作為滿足自己坐著私人飛機環遊世界、出入高級餐廳飯店的工具，在他十年英國貿易特使的職涯中，差旅費就高達四百萬英鎊之多。

這還不算他靠著王子的人脈幫一些名聲很不好的企業及富豪牽線做生意拿到的傭金，他曾代表希臘水公司 EYDAP 打電話給哈薩克極其腐敗的領導人，表示要投標哈薩克兩大城市阿斯塔納（Astana）和阿拉木圖（Almaty）的供水系統。王子都開口說話了，希臘水公司當然得標並支付約四百萬英鎊的傭金感謝安德魯大力幫忙。另外，一家總部位於英屬維爾京群島的公司沒有給出任何理由，就以高出市價三百萬英鎊的價格買下安德魯在溫莎的房子。這家公司是哈薩克風評很差的寡頭商人庫里巴耶夫（Timur Kulibayev）所有，幾年後，安德魯給蘇格蘭皇家銀行發郵件，關說他們派遣高級主管到哈薩克幫助庫里巴耶夫「管理財富」。

這些醜聞英國媒體都是有拿到相關郵件可以證明的，無奈安德魯有女王的保護，醜聞纏身還是不用辭去貿易特使一職，直到他的名字與美國富豪愛潑斯坦扯上關係後，才被逼下台。這位白手起家，以航髒手法快速積累個人財富的愛潑斯坦，據傳在上流人士的圈子裡進行詐騙和洗錢。但導致愛潑斯坦在二〇〇六年被逮捕的原因，是他被指控支付金錢給未成年少女，讓她們跟他還有他的客人們在位於曼哈頓和佛羅里達的豪宅內進行性交易，而這些客人們包括各國知名政客、富豪、名流。由於他手上握有太多這些權貴人士的秘密，很快地在二〇〇八年就被釋放。

不過幾年後這些年輕時曾被他性侵的受害者集體控告他，其中有位受害者維吉尼亞（Virginia Giuffre）指證在愛潑斯坦及女友馬克斯韋爾（Ghislaine Maxwell）的安排下曾經與安德魯王子發生三次關係，分別是在於麥斯威爾的倫敦豪宅、愛潑斯坦的曼哈頓住處，以及愛潑斯坦在加勒比海買下的聖詹姆斯島上，而當時她還有幾個月才會滿十八歲。她還提供一張她與安德魯在馬克斯韋爾倫敦豪宅裡的合照，照片裡安德魯摟著她的腰。

二〇一九年七月愛潑斯坦再度被捕，一個月後他在監獄裡離奇地「自殺」身亡。雖然當時愛潑斯坦的囚房裡有監視器，但在他死前幾天監視器「剛好」壞了，與他同囚室的獄友也在那幾天「剛好」被調到別的牢房，所以沒人知道他在牢房裡到底是自殺，還是被自殺。畢竟愛潑斯坦知道太多權貴跟上流社會骯髒齷齪的秘密，不想讓他繼續活下去的人多得是，他這一死再也沒人可以在法庭上作證指認。

愛潑斯坦雖然死了，維吉尼亞對安德魯的控訴卻如滾雪球般越滾越大，在全世界造成與論風波。二〇一九年十一月時安德魯決定接受BBC的訪問「澄清名聲」，他在訪問裡說維吉尼亞指控他性侵那天，他根本不在馬克斯韋爾的倫敦豪宅裡，他送女兒去一家平價比薩連鎖店參加同學的生日趴踢。為什麼王子對十多年前的那一天記得如此清楚？王子說因為他平常不會去平價比薩連鎖店，所以印象非常深刻。安德魯又說維吉尼亞說他很會流汗也是捏造的，王子說自己在福克蘭群島戰爭中受傷，接受腴島素治療後其實不會流汗，這些證據薄弱的話聽在英國人民耳裡就是狡辯。

當採訪者問到安德魯後不後悔跟愛潑斯坦的友情，「**我從沒有後悔過！透過他所認識的人跟機會對我來說都非常有用。**」所有民眾透過鏡頭看到安德魯赤裸裸的天真、自大跟傲慢。愛潑斯坦都已經被法院定罪，犯下的罪刑足以說明此人人品低落毫無道德感，但安德魯還是不認為自己認人不清，也難怪被皇室工作人員形容是「傲慢和愚蠢的最爛組合」。

這場荒腔走板的採訪也讓英國皇室遭遇到自戴安娜死亡事件以來最嚴重的公關危機，皇室對訪談後引發的連鎖反應感到震驚。英國電信、巴克萊銀行、安侯建業會計師事務所、渣打銀行等，眾多英國大企業第一時間跟安德魯劃清界線，收回對他名下慈善機構的贊助；高校學生要求撤銷他榮譽校長的職務；慈善組織選擇與他保持距離；英國國家芭蕾舞團公開希望安德魯王子辭去贊助人的職位，商界、學聯、公益各界快速切割公眾形象跌落谷底的王子毫不客氣。

而民間一波又一波的強烈反彈震到白金漢宮，女王這次再也無法保護她最心愛的兒子。白金漢宮緊急宣布安德魯王子不再履行王室公務，這也代表安德魯將不再獲得君主撥款來支付開支。而這次女王也保不了安德魯主要有兩個原因：一是民怨，這是溫莎王朝向來最害怕的；二是查爾斯的介入，伊莉莎白女王此時已是九十三歲高齡，白金漢宮早已經開始安排接班事宜，向來對這個弟弟非常不欣賞的查爾斯此時的話語權很大，在他看來早點跟這個「成事不足，敗事有餘」的弟弟劃清界線才是對的。也有傳言指出從小忌妒安德魯比較得寵的查爾斯，終於等到機會「報復」，英國人民則是普遍覺得安德魯罪有應得。

1 姓氏蒙巴頓．溫莎只適用於非王位繼承者的子女，例如：安德魯王子、哈利王子跟其後代子女，王位繼承者及其子女不適用，所以可以繼續是溫莎王朝。

2 二〇一一年英聯邦同意修改《1701 年嗣位法令》，王位繼承者的子女無論男女都將能擁有同等繼承權，所以威廉王子的女兒夏綠蒂公主的繼承權在弟弟陸易王子之前。

HARRY & MEGHAN

# 哈利與梅根的控訴

來自美國的梅根以為嫁給英國王子後就可以飛上枝頭作鳳凰，過著榮華富貴的生活，殊不知自己嫁的其實是全世界最「高大上」的公關公司——英國皇室。作為公司的一份子，最大任務就是跟著其他成員一起推廣皇室及英國文化，這間公司講求的是團隊合作，而非美式個人主義。在英國越是上流社會的人愈是低調，跟高調的美國文化十足反差，梅根嫁入皇室後的種種高調作風，看在不少英國人眼裡是沒品與沒格的表現，在英國人氣急速下滑的哈利與梅根決定出走至美國，在全美最受歡迎的訪談秀裡泣訴在皇室裡的種種不公……

有著黑人血統的美國失婚女星嫁給全球最有人氣的英國王子，絕對是現代版童話故事，二〇一八年五月哈利與梅根大婚時，全球媒體強力放送各種浪漫，英國人民更是滿心歡喜，他們從小看到大的哈利終於找到心愛的女人要安定下來了。

哈利千挑萬選的老婆梅根，出生於美國洛杉磯，媽媽是非裔美國人，爸爸是荷裔愛爾蘭人，畢業於西北大學戲劇及國際關係雙學位。梅根在遇到哈利前曾與好萊塢製作人結婚，後因個性不合離婚，從影代表作是《金裝律師》。

哈利與梅根的婚禮在溫莎城堡聖喬治禮拜堂舉行，婚禮上哈利深情款款地看著梅根時，不知多少電視機前的少女希望自己就是那個被王子愛上的普通女孩。然而，只要對英國皇室有了解的人就知道，夢幻婚禮之後的皇室生活才是真正歷練的開始！

婚禮當天梅根穿著所費不貲的紀凡希高級訂製純白絲綢禮服，頭戴女王奶奶瑪麗皇后留下來的皇冠，緩緩走進禮堂。行經女王面前時，她沒有對女王行屈膝禮，而是逕自一直往前走。在英國看到女王要行禮致敬是基本禮儀，不少英國民眾覺得沒有對女王行禮的梅根實在太沒家教。為了怕人民對皇室新媳婦梅根觀感不好，英國皇室趕緊出來緩頰表示，新娘當天太緊張所以才忘記行禮。婚禮後沒多久女王就將私人秘書薩曼莎（Samantha Cohen）調到梅根身旁指導她皇室禮儀。

進入皇室後，不可避免有很多出公差與在鏡頭面前亮相的機會，演員出身的梅根在鎂光燈前相當自在，也很享受成為大家注目的焦點。幾個月後哈利的表妹尤金妮公主（Princess Eugenie）大婚，英國媒體將關注焦點轉到公主婚禮時，梅根馬上高調宣佈懷孕，硬是把媒體關注搶回來自己身上。

這個時間點也正是哈利跟梅根官方出訪紐澳之前，在此時宣布懷孕是要地主國負責接待的官員跟民間團體替寶寶準備禮物的意思嗎？要知道凱特懷孕時胎胎都很低調，就是怕引起太多媒體關注。梅根之後還高調地乘坐私人飛機前往紐約高級飯店一擲千金辦產前派對，三天花掉近千萬新台幣！

就當英國人被梅根種種高調作風搞得有點厭煩時，英國媒體爆出哈利與梅根結婚後短短半年，已經有三名與他們關係緊密的皇室工作人員離職，當中包括當初女王指派給梅根，為女王工作十七年極受女王賞識的私人秘書薩曼莎。

隨後與皇室關係良好的資深皇室記者在報導中披露，哈里與梅根婚禮前，梅根因為無法在婚禮上戴自己最喜歡的那頂皇冠而大鬧脾氣，替未婚妻打抱不平的哈利對皇室工作人員大吼：「**梅根想要的都給她！**」（What Meghan wants, what Meghan gets）。兩人如此跋扈的行徑驚動白金漢宮，最後女王不得不把哈利叫進宮裡告訴他：「**梅根不能想要什麼就有什麼。**」

婚後被封為薩塞克斯公爵的哈利與薩塞克斯公爵夫人的梅根在二〇二〇年初突然宣布要退出英國皇室，卸下皇室職責，追求財務獨立，並且搬到北美居住。消息一出網路上謾罵及支持的輿論都有，短短五天內女王發了兩次以奶奶口吻致全英國國民的公開信後，白金漢宮跟著發出官方聲明，指出哈利與梅根因為不再履行皇室職責，所以不再領用君主撥款，也不再使用殿下（His/Her Royal Highness）的尊稱，哈利所有軍方頭銜也會被卸職。

當海外媒體把重點放在兩人不能再使用「殿下」尊稱時，英國人一看就知道女王最重的處罰不是這，而是免去哈利所有軍方頭銜。哈利之所以得到英國人民的喜愛除了是戴安娜的兒子外，他可是上過阿富汗戰場代表英國而戰的王子，光是這點就得到無數英國人的敬重。而他也在許多公開場合表示以自己的軍職為榮，不過，這一切都隨著他跟梅根到好萊塢發展劃下句點。

到了好萊塢後的薩塞克斯公爵與公爵夫人不顧當時英國面對新冠肺炎無情攻

擊，上至皇室、下至人民都面臨嚴峻考驗時，兩人接受美國名嘴歐普拉專訪，大爆與王室的摩擦。梅根表示在籌備婚禮時因為對花童禮服意見不一，自己被凱特弄哭；婚後極度不適應皇室生活的她曾想自殺，但皇室拒絕讓她看心理醫生；她被媒體抹黑時，皇室不但沒有聲援她，甚至為了保護其他皇室成員而犧牲她，使她變成眾矢之的；還表示因為她的非裔血統，有王室成員憂慮兒子亞契的膚色；還宣稱亞契沒有王子頭銜是因為他不夠白，字裡行間就是明顯暗示英國皇室種族歧視。

當採訪播出後英國媒體馬上實證考核她所言是真是假，當然梅根講的很多私密內容無法核證，例如：她婚前知不知道哈利是誰，凱特有沒有把她惹哭，這些事外人不會知道。但是，亞契不是王子是因為他不夠白、亞契不是王子所以沒有皇室保鑣、皇室把她護照沒收，限制她行動自由，這些指控就跟事實完全不符。

英國皇室只有君主跟皇位繼承人的直系親屬自動有王子跟公主頭銜，哈利不是王位繼承人，所以他的小孩在女王在位時本來就不會是王子公主，跟膚色無關。英國皇室的保鑣費用是由內政部負責，納稅人買單。哈利與梅根搬離英國之後，如果要繼續負責他們的海外安保費用，英國納稅人每年要多付四百萬英鎊。人民覺得兩人既然不再幫皇室工作，就沒有理由要人民繼續付錢，於是內政部順從民意把他們的海外安保取消，跟亞瑟的膚色也沒有關係。另外，梅根在皇室兩年內乘坐私人飛機出國十三次，很明顯護照是在她身邊的，皇室沒有限制她行動自由。

英國皇室處理哈利與梅根謊話連篇專訪的過程，堪稱公關危機處理最佳範例。此次專訪的首播是禮拜天晚上在美國電視台 CBS，皇室工作人員第一時間就把訪談看完，連夜進入白金漢宮跟女王、查爾斯王子跟威廉王子開緊急會議討論如何應對。

禮拜一雖然英國還沒正式播出專訪，網路上已經傳遍梅根跟哈利在訪談裡對英國皇室的種種控訴，但幕僚依舊按兵不動，因為不管全球鄉民說什麼，他們的主子是英國人民，主子看完專訪後怎麼想才最重要。

星期一晚上英國電視台 ITV 播出專訪時，電視機前有同情哈利與梅根的英國人，但心疼女王跟凱特的更多；再加上梅根有些謊扯得太離譜，所以這場原本被形容成會是英國皇室世紀大災難的訪問，完全雷聲大雨點小。星期二民調結果出爐，女王還是穩坐最受人民喜愛皇室成員寶座，吃了這顆定心丸，英國皇室的處理就淡定許多。

隨後女王發表以奶奶口吻寫的聲明，開頭就為哈利夫婦近年來所受的艱辛感到難過，再來表示他們講的話都有被聽到，「**雖然『你我記憶不盡相同』但我還是會好好地調查這些家務事**」，結尾強調「**哈利、梅根、亞契永遠是摯愛的家人。**」「你我記憶不盡相同」（While some recollections may vary）這句話很含蓄，意思就是你講得跟我記得不一樣，優雅打臉這對夫婦扯謊，所有英國人看到不禁莞爾一笑。發完聲明後，皇室也沒再多做解釋，各個成員照著原定工作計畫出席活動，畢竟英國當時還是疫情壟罩，國家人民更加重要。

而這場訪問為何沒有變成皇室世紀災難，最大的原因是哈利與梅根在英國人氣低落，英國因為新冠肺炎死十多萬人的同時，除了坐在洛杉磯上億豪宅裡拼命抱怨外，薩塞克斯公爵與公爵夫人也沒替英國人民做些什麼。

哈利與梅根對皇室的控訴不只有歐普拉專訪，他們還與網飛（Netflix）簽訂數十億的合約製作紀錄片，希望大家可以聽聽他們版本的故事。在紀錄片裡兩人除了老調重彈專訪裡的事之外，更是砲火全開抨擊英國小報，梅根直指自從跟哈利的交往被公開後就被狗仔瘋狂追逐（諷刺的是當初是她威脅哈利再不公開就要分手）。不過兩人並拿不出來被狗仔追的照片證明自己所言不假，只好借用哈利波特電影首映會上媒體瘋狂拍照的照片來誤導大家。另外還有張兩人在南非參訪時，在大主教家貌似「被偷拍的」照片，也被當時人在現場的皇室記者羅伯特·賈伯森（Robert Jobson）打臉表示，當天拍攝的三位攝影師全都是被事先授權的，根本沒有被偷拍這件事。

就在哈利與梅根頻頻攻擊皇室，卻不願意放棄皇室頭銜時，越來越多英國民眾希望他們的頭銜被拿掉。英國歷史上最近一次貴族被拔頭銜是在第一次世界大戰時，女王的爺爺國王喬治五世從嘉德勳章騎士名冊上刪除七位與德國和奧地利皇室有關的騎士，但這些人的貴族頭銜不能被撤銷，除非議會通過法案。

因此，在一九一七年英國議會通過《1917 剝奪爵位法》（1917 titles deprivation act），該法案允許國王設立樞密院委員會，收集證據並報告國王「在戰爭中攜帶武器反對國王陛下或他的盟友，或支持國王陛下的敵人」的英國貴族或王子的姓名。

這份名單會提交給上下議會，四十天內如果沒有動議反對該報告，該份名單會被提交給國王，被點名的貴族會失去他們的頭銜。也就是說當時被剝奪爵位的貴族就是在第一次大戰裡沒有效忠英國的叛國賊。

所以不是只要查爾斯國王一聲令下，哈利與梅根就可以不是薩賽克斯公爵跟公爵夫人，事實上權力在英國議會手上。而現在並無任何法源依據可以把哈利的爵位拿掉，除非議會修改《1917剝奪爵位法》將內容擴大到「侮辱皇室的貴族」也可以被褫奪爵位，但這需要大量議員的支持才有可能發生[1]。

1 雖然哈利的爵位無法輕易被拿掉，但若梅根與哈利離婚，梅根就不能再使用薩賽克斯公爵夫人的頭銜。

COVID-19

# 新冠疫情下的皇室

未來回首時，希望大家都能為自己在疫情期間表現出來的犧牲跟忍耐感到自豪。雖然難以忍受的分離還要很久，美好的日子總是會回來；我們會再次與朋友相見；與家人相聚；我們會再見面的。~伊莉莎白女王二世~

二〇二〇年新冠肺炎在中國武漢發跡，台灣早從年初開始就如臨大敵在應對，英國總還覺得病毒對自己不會有影響。畢竟，有多少英國人這輩子去過亞洲呢？對許多英國人來說，亞洲就像天方夜譚般的存在。比起亞洲，非洲在地理跟歷史上跟英國更有關聯，非洲的伊波拉病毒都沒傳過來了，新冠病毒鐵定也不會來。

那年三月當北義大利疫情開始失控後，英國這時才有火已經燒到自家門口，開始被濃煙嗆到的真實感。三月初歐陸各國開始陸續封城，英國不知道是仗著有英吉利海峽隔著，還是英國佬本來性格就溫吞，直到三月二十三日政府才宣布封城，關閉所有的餐廳、酒吧、電影院、健身房，並且要求大家在家遠距工作，一天只能出門運動一次，其餘時間不准出門。

隨著封城令而來的是第二次世界大戰過後從來不曾想像過會發生在當代英國的景象：超市裡擠滿人潮，基本物資雞蛋、麵粉、衛生紙、甚至罐頭與冷凍食品，都被搶購一空，連一袋衛生紙都如同戰備物資般難以取得。

之後隨著確診人數急速飆高，原本人員就吃緊的英國健保（NHS）更是陷入癱瘓，醫生跟護理人員沒日沒夜在最前線與病毒奮戰，這時英國政府推出口號：待在家、救健保、護眾生（Stay Home，Protect NHS，Save Live），極力呼籲每位國民好好待在家不要出門降低感染率，拯救快被壓垮的醫療體系。

英國政府還號召全民每週四晚上八點拍手鼓勵醫護人員，沒想到天性保守內斂的英國人真的一到週四晚上就聚集在自家陽台、花園或是打開窗戶，不停地拍手鼓掌，除了給醫護人員鼓勵外，大家更想激勵的是又在家裡待滿一週的自己。

面對來勢洶洶意圖不明的病毒、政府說不清的防疫政策、史無前例的封城，要說當時英國不人心惶惶那是騙人的，大家在家裡囤積各式各樣用得到，跟用不到的食物與日常用品準備長期抗戰的同時，還得面對心裡的慌張無助。

此時伊莉莎白女王決定對她的子民演說，在位六十餘載，這是女王第四次對全國人民演說（從喬治五世開始的例行聖誕節君主演說不算）。英國是世界上最老牌的民主國家，也是極少數的君主立憲國家，皇室在大多數人民心中擁有崇高的地位。小心翼翼的女王平常從來不對時事發表意見，她必須保持中立對民主體制表示尊重。

一九五六年蘇伊士運河危機、一九七〇年代英國罷工潮、二〇〇三年伊拉克戰爭、最近幾年鬧得沸沸揚揚的脫歐議題，都在英國國內造成嚴重的民意對立，女王沒有發表談話。在國家分裂之際，女王是不會發聲的，因為這些分歧是要由政府和反對黨來共同解決的議題，在那樣的時刻發表任何談話都很容易被解讀為選邊站，只會給英國社會帶來更多的分歧。

那麼女王何時發表過全國談話呢？一九九一年英國加入第一次波斯灣戰爭時，一九九七年戴安娜王妃葬禮前夕，二〇〇二年母親葬禮前夕（女王媽媽在英國深受人民喜愛），每次談話都是英國人民情感上需要被安撫的時候。

女王這次談話短短四分半鐘，屏除英國人平常講話的華麗繞圈，內容直接明白，先感謝醫護人員、讓整個國家得以持續運作（超市、郵局、公共運輸等）的核心工作者、自願待在家的人民，也提醒大家「自律、從容、幽默」是英國人世世代代的性格，從歷史到現今，從民族驕傲到個人情懷，從理智到感性，女王這篇演講全都講到。

女王也特別提及自己第一次的全民演說，一九四〇年她還是個十三歲的小公主就在溫莎城堡對全英國及英聯邦的小朋友們廣播。當時二戰爆發，許多小朋友被迫與父母分離，被送到更為安全的鄉間及國家（例如：加拿大）與陌生的家庭共同生活，伊莉莎白在演說中用她童稚的聲音鼓勵小朋友們要懷著希望，因為和平終會到來，他們會再回到家園與家人團聚。

整整八十年過去，人類歷史上沒有以前沒發生過的事，只有當代的我們未曾經歷過的事。因為新冠疫情保持社交距離而產生的間隔，跟彼時因為戰爭而產生的離別一比，我們真的是何其幸運！而如此鼓勵的話語也只有是出自經歷過第二次世界大戰的女王才會有直達人心的說服力。

英國封城沒多久後就傳出查爾斯王子確診的消息，七十多歲的他和卡蜜拉、九十多歲的女王和菲利浦親王因為年歲已高都是高危險群，應該遠離人群減少不必要的接觸降低感染風險。於是，皇室所有的重責大任就落到中生代的劍橋公爵威廉和公爵夫人凱特身上。他們的團隊很快地與電子化接軌，兩夫妻透過IG、透過 Zoom 照樣出席慈善活動的同時，還要照顧不能去學校的喬治王子、夏綠蒂公主跟才剛滿兩歲的路易王子。

雖說貴為將來的英國國王和王后，威廉跟凱特二十四小時面對在家的三個孩子遇到的挑戰跟全英國其她的爸媽沒有兩樣。他們透過 BBC 的採訪分享自己的心得，凱特除了體恤在家邊工作邊照顧小孩的爸媽大不易外，也分享劍橋三娃即便在家也有規律的作息時刻表，讓他們感覺在學校的小技巧。威廉跟凱特也非常關心有些人民因為自己或家人確診、或是因為隔離而產生的心理焦慮跟憂鬱，他們建議大家要傾聽自己內心的聲音，也要不時跟親朋好友視訊降低孤獨感。

凱特還與英國國家肖像館（National Portrait Gallery）共同舉辦「Hold Still 2020」線上攝影展，她與工作人員從英國各地民眾寄來的三萬多張在疫情期間拍攝的照片中，選出最後的一百張展覽。這不是攝影比賽，這些脫穎而出的照片都不是專業攝影師的作品，而是市井小民在疫情期間拍下的生活日常。

有老奶奶隔著玻璃親吻襁褓中的孫子，有在窗邊畫著彩虹的小女孩，有婚禮被取消孤獨坐在家中的情侶，有空無一人的教堂，有在家上課的小朋友們，有在超市工作的小哥、送信的郵差、醫院裡的醫護人員……很重視家庭價值的凱特選了很多跟家庭有關的照片，這些不會說話的照片表達出豐富的情緒，恐懼、悲傷、不知所措，但也帶著勇敢、幽默、Keep Calm & Carry On 的英國精神。

對抗疫情已經超過半年之久的英國人民看到這些照片時，疫情中的種種辛酸與艱辛再度鮮明，那些被限制行動的時光，不能隨意出門，不能見朋友，不能看展覽，不能去旅行；一開始以為只是幾個禮拜的生活不便，後來變成不知道盡期在哪的心靈桎梏。照片裡每個人都在用自己的方式面對艱辛，奮力活著，原來在這條暗黑隧道裡的自己並不是孤獨前進著，隧道的盡頭終究會有光亮等著我們。

凱特後來把這些照片集結成冊出書，裡面有張小蜜拉（Mila）的照片。五歲的她患有白血症，新冠肆虐時在醫院接受化療的小蜜拉只能隔著玻璃窗跟來醫院探視的爸爸道別。隔年凱特到蘇格蘭公務時，特別打電話給當時已經出院的小蜜拉，邀請她到女王的城堡荷里路德宮（Palace of Holyroodhouse）作客。電話裡，小蜜拉興奮地跟凱特說自己最喜歡粉紅色還有很多公主裙。她問凱特是不是也穿公主澎澎裙？凱特說：「我現在不是穿公主裙，不過妳來的時候，我會穿妳喜歡的粉紅色裙子喔。」

嫁入皇室十多年的凱特長期被英國媒體及人民審視，她性格裡有英國人的務實跟踏實，一旦決定做什麼就會堅持地去做，例如《Hold Still》攝影集，凱特不但選好照片出版，還細心地跟入選者聯繫，絕對不是出來做做公關拍照後就放到一旁不管。凱特一路走來一點都不輕鬆，直到梅根嫁入皇室後，凱特在英國的人氣才急速攀升，媒體跟人民對她的好感度大增。

當凱特跟威廉交往時，英國媒體就駭進凱特手機一百多次想要挖出些驚天秘密，結果什麼也沒發現。凱特在嫁給威廉的隔年，兩人去南法度假在陽台做日光浴時，被狗仔用長鏡頭拍到上空照片。當時狗仔想把照片賣給英國媒體，英媒全部拒買拒登，後來照片被法國八卦雜誌買下登出。威廉立刻把該雜誌告上法院，五年後判決出爐王子獲勝。

二〇二〇年五月英國上流圈最喜歡的雜誌《Tatler》用凱特穿著一襲白色蕾絲長禮服的美照作封面，內文刊登一篇由安娜．巴斯特納克（Anna Pasternak）撰寫關於凱特的文章。巴斯特納克筆鋒犀利，是屬於罵人不帶髒字那種，她的文字看上去好像都是讚美但其實都意有所指，例如：她寫凱特瘦得跟戴安娜一樣（暗指凱特跟戴安娜一樣有厭食症）、寫凱特擁有完美的笑容但很假（perfect plastic smile），刻意指出凱特她媽出身貧窮的工人階級，貴族圈其實很鄙視她、還寫凱特很不高興哈利梅根出走後自己的工作量暴增……

安娜．巴斯特納克也是當初幫戴安娜的前情人詹姆士．休伊特（James Hewitt）把他與戴妃的往日情寫成《戀愛中的王妃》（Princess in Love）大賺一筆的作家。戴安娜後來在 BBC 的採訪裡坦承那本書讓她非常受傷，她不理解為什麼曾經相愛的人會出賣她來賺錢？當巴斯特納克消費戴安娜時，威廉還只是個孩子保護不了媽媽，但這次他絕對不再讓老婆吃悶虧，馬上提告《Tatler》，幾個月後雙方和解，《Tatler》同意調整文章把惡意的敘述拿掉。

戴安娜死於跟狗仔的追逐中，威廉與哈利成長過程總是被狗仔包圍，兩兄弟對媒體沒有好感可以理解，但兩位王子採取的做法完全不同。哈利是猛烈抨擊媒體，但脫離皇室的他和梅根又不得不靠媒體賺錢，不免讓人詬病。威廉採用共存法，他理解媒體對皇室的重要，媒體需要的報導全力配合，但要是踩線絕對反擊，而且他的底線畫得非常清楚。

英國皇室與媒體的關係向來微妙，沒有媒體的關注跟炒作，皇室的能見度會變低，人民對皇室會沒有共感；但如果媒體過度關注而且又都集中在八卦時，很容易讓人民對皇室產生反感，所以如何讓媒體報導平衡非常重要。溫莎王朝要能永遠存在人民的視線中，沒有媒體的推波助瀾絕對是不可能的，如何使用這把利刃卻不被傷到，將永遠考驗君主的智慧。

HRH THE DUKE OF EDINBURGH

# 女王後面的男人

人生就是如此，有最初的相逢，就會有最後的道別。再度入院的菲利普知道自己時日不多，一直嚷嚷著要出院，他想要在家裡與伊莉莎白度過人生最後時光。四月九日菲利普與世長辭的那個早晨，伊莉莎白往溫莎城堡窗外望去，綠草如茵的草坪上，她看見了那個十三歲的女孩與那個十八歲的男孩。伊莉莎白扶了扶頭上的皇冠，她知道自己還是一國之君，仍需負重前行，只不過，今後的道路不再有菲利浦的陪伴，只剩她獨自一人……

二〇二一年全世界還深陷在新冠肺炎的泥沼中，菲利浦親王在三月動了心臟病手術後，堅持要回溫莎城堡和女王一起，四月初親王安詳地在城堡裡過世。親王過世消息傳出時，英國人說訝異也訝異，說不訝異也不訝異。畢竟當二〇一七年白金漢宮宣布親王因為健康因素不再出席皇室公務後，大家就有意識到親王身體狀況應該很不樂觀。但作為英國歷史上陪伴君王時間最長的配偶，大家又覺得親王好像會跟女王一樣永遠地存在。

英國政府與皇室會定期預演資深王室成員的葬禮流程，包括去世後英格蘭教會、大都會員警、軍方、媒體如何對應，首相府邸的訃告措辭，員警執勤維持秩序的排班，瞻仰儀式和葬禮地點等等細節。每位重量級皇室成員的喪禮都有代號，「福斯橋行動」（Operation Forth Bridge）是菲利普親王喪禮的代號。從愛丁堡坐火車到亞伯丁時一定會經過這座被聯合國教科文組織列為世界遺產的福斯橋，菲利浦封號愛丁堡公爵，用蘇格蘭地標福斯橋當他的代號再適合不過。

在福斯橋行動中，會有來自世界各國的政要及皇室成員，總共八百名賓客參加，是場非常隆重的國喪。然而因為新冠疫情，英國政府當時規定喪禮只能有三十人出席，於是八百人的盛大國喪變成只有至親參加的小型喪禮，但熟知親王的人都說其實這樣只有家人的溫馨喪禮才是他最想要的。

親王過世後與女王父親、母親及妹妹一起葬在溫莎城堡聖喬治禮拜堂，雖然只有至親能到場參加這場喪禮，英國媒體有連線轉播，讓人民可以在螢幕前跟親王道別及致上他們的謝意。葬禮正式開始後全國先默哀一分鐘，配合默哀倫敦希斯洛機場有六分鐘沒有任何飛機起飛降落，全國大型體育賽事為了不跟葬禮衝突，也都調整了比賽時間。喪禮非常莊嚴寧靜，演奏的軍樂與朗讀的經文，都是親王生前自己挑選，細細訴說他一生對女王堅定不移的支持，對國家的奉獻，以及他的堅毅、勇氣和信仰。

在喪禮上淚流滿面不符合英國人的內斂含蓄，他們的用心與對逝者的思念細膩地表現在細節裡。喪禮上凱特戴的珍珠項鍊是她參加女王與親王七十週年鑽婚紀念戴的，為了紀念奶奶爺爺的一世情緣，她特別再戴上這條項鍊參加喪禮跟爺爺告別。親王棺木上的花圈上有封女王寫的親筆信，信籤上寫著「愛的回憶」（In Loving Memory），女王簽上的是菲利普私底下叫她的小名「Lilibet」（莉莉白）。從溫莎城堡到教堂的路上，女王的賓利座車原本應該開在靈車及扶靈隊伍之前，但女王上車後指示司機慢慢開在扶靈隊伍後面送夫君最後一程，這也是從一九五三年女王登基後永遠走在她後面的菲利普第一次走在女王前面。

由於當時英國還要保持社交距離，聖喬治教堂裡女王孤零零一人坐在離棺木最近的位置，穿著喪服的她帶著一頂帽緣很寬的黑色禮帽，整場喪禮頭都沒有抬起來，刻意地把自己藏在帽緣下，沒有任何攝影機捕捉到女王的臉部表情，但她悲傷的情緒卻是滿溢。白金漢宮在葬禮前發布一張大家從來沒有見過的女王與親王的私人合照，照片裡兩人輕鬆坐在蘇格蘭高地山上，煦煦陽光裡對著鏡頭露出溫暖的笑容；此時他們不是一國之君與君主的伴侶，而是攜手走過七十餘年的老伴，這也是女王心目中，永遠屬於她與菲利普的美好時光。

當英國人民失去菲利普親王後，他們才發現他對英國、對皇室的重要性一直被低估跟忽略。喜歡講冷笑話的他，常常因為自己那些驚世駭俗的笑話上報，被英國媒體揶揄。他在參訪蘇格蘭婦女協會時說：「**英國女人都不會做飯。**」（好像也是這樣）；參訪開曼群島時對居民說：「**你們大部份不是海盜後裔嗎？**」；訪問澳洲他問當地原住民：「**你們現在還互相扔擲長矛嗎？**」

當十三歲的安德魯・亞當斯（Andrew Adams）告訴菲利浦親王他長大後想上太空時，親王對他說：「**你太胖了，當不了太空人。**」；在接見爭取巴基斯坦女孩受教權而被塔利班暗殺過、被迫流亡的馬拉拉（Malala Yousafzai）時，親王說：「**孩子之所以需要上學，是因為家長不希望他們待在家裡。**」（雖然後來這句話在新冠封城期間真的是許多父母的心聲）。

當他因為這些言論被大張旗鼓撻伐時，絲毫不以為意，繼續自己獨樹一格的幽默。雖然媒體不喜歡他這些政治不正確的笑話，但他總能把女王逗得哈哈大笑。菲利浦親王留給英國人的不只有冷笑話，還有愛丁堡公爵獎。一九五六年他設立愛丁堡公爵獎，每年獎勵十五至二十五歲勇於挑戰大自然，發展個人才能和領袖才能的英國年輕人。幾十年來，全英國共有六百萬年輕人先後獲得愛丁堡公爵獎，凱特在還沒有認識威廉王子之前跟皇室的淵源，就是她得過愛丁堡公爵獎的金牌獎。

菲利普親王也熱愛大自然，熱衷於生態保護，並曾出任世界野生基金會的第一任主席。他曾在接受 BBC 採訪時表示，人類掌握著對地球生物的生殺大權，因此更需要從一個道德的高度看世界，而不應隨意導致物種滅絕。

在熱愛自然的同時，菲利普親王也是各種體育項目的愛好者和支持者。他本人熱衷於帆船、馬球、賽馬和賽車，並且是駕駛馬車的好手。喪禮時他最愛的馬兒也來送行，親王平時駕馬車時用的帽子和鞭子放在他的座位上，紅色罐子裡裝的是他平常給馬兒吃的糖果。

當全國人民發現原來自己很想念菲利普親王時，所有人的思念加起來都沒有女王的深。那年十一月全球氣候變遷大會在格拉斯哥舉辦，原本預定出席的女王因為身體不適被醫生叮嚀不可遠行，派出查爾斯王子與威廉王子代打外，女王還是透過視訊對來參加會議的各國領袖進行演說。

在正式演說中鮮少提到私人事務的女王，開宗明義先提到環保是至愛的亡夫菲利浦親王生前很掛念的議題，之後引用親王半世紀前在一場學術會議上說的話呼籲大家要正視全球污染的議題。螢幕裡，女王身旁桌上擺的是菲利浦親王看著蝴蝶飛舞的照片，配戴的紅寶石蝴蝶胸針是她與親王的結婚禮物。這些細微裡有著女王對菲利浦親王最深最真切的思念，少了親王的陪伴，女王減少很多公務，眼角的皺紋也多了許多，還是很少女的笑容裡有遮掩不了的落寞。

二〇二二年，就是伊莉莎白女王繼位七十週年的白金禧年，她會正式成為英國歷史上在位最久的君主。全國上下都已經在籌畫慶祝活動的同時，女王在這場演說裡輕輕提醒我們不會永遠活著，輕輕拉扯到英國人民內心深處最不想面對的不安，這次他們失去的是親王，下次他們失去的可能就是年歲已高的女王。

「人生就是如此，有最初的相逢，就會有最後的道別……他那調皮、充滿探索的眼神，直到最後仍同初次見到他時一樣明亮。他是那種不輕易接受讚美的人，這麼多年來，他是我最堅實的後盾……儘管對許多人來說，聖誕節是幸福快樂的節日，但對於那些失去親人的人來說，聖誕節可能會很難熬。而今年，我明白了這種滋味……我和家人都很想念他，我知道在天上的他會希望即使少了他的笑聲，我也要歡度耶誕節……」

女王在利浦親王過世後的那個聖誕節演說，又不知讓多少螢幕前的英國人紅了眼眶，英國媒體盛讚這是女王最讓人動容的聖誕節演說。鮮少在人前洩露情感的伊莉莎白，一次又一次地訴說自己對菲利浦的思念。不管《王冠》（The Crown）怎麼演菲利浦親王的年少輕狂，經過七十三個年頭，他與女王相視時兩人眼裡仍有藏不住的笑意、失去親王後身形日益消瘦的女王，才是這段感情最真實的面貌。

對任何人來說，進入王室終生低調陪伴君王均非易事，更不用說是像菲利普這樣一位年輕時意氣風發、愛恨分明的海軍軍官。然而，憑藉自身堅定的意志和毅力他完成了君主伴侶的義務與職責，全心全意輔佐、支持女王和服務英國人民，歷史會記住他對女王永遠的堅定不移。

OPERATION LONDON BRIDGE

# 白金禧慶典與道別

皇冠不是誰都可以戴上，也不是誰都可以戴穩，伊莉莎白女王二世以從未失誤的優雅、尊嚴和莊重為英國人民服務，七十年來她放棄個人情緒，面對變化不定的世界格局，沉穩堅定地帶領英國向前，她是英國能昂首闊步保持驕傲的基石。英國人民唱了七十年國歌裡的天佑女王要改成天佑國王，千千萬萬從出生就說女王陛下的英國人要改口國王陛下，伊莉莎白女王為全世界劃下一個時代的句點。此時此刻，人民的哀傷是真的，人民由衷的感謝也是真的。

女王登基白金禧年慶祝演唱會在白金漢宮前熱鬧開始，這場星光熠熠的派對震撼十足，隨著響徹雲霄的歌聲與歡呼全英國人的熱情與對女王的支持達到最高潮。開場大螢幕上是女王的男僕端著一壺茶走過白金漢宮的長廊，華麗的會客廳裡坐著女王和帕丁頓熊。

「**您要茶嗎？**」帕丁頓熊問女王，女王點點頭後笨手笨腳的帕丁頓熊把茶水灑得到處都是，女王男僕尷尬又不失禮的假裝沒看見客人的粗魯舉止。「**請您請別介意。**」帕丁頓熊窘态狼狽地問女王：「**您想來一份橘子醬三明治嗎？我都隨身帶著以備不時之需。**」

隨後帕丁頓熊摘下頭頂的帽子，從裡面拿出三明治給女王。女王笑呵呵地打開自己招牌黑色 Launer 手提包，拿出一份同樣的三明治，笑著說：「**我的三明治在這裡，我想留著晚點再吃。**」

此時白金漢宮外的群眾歡呼聲響起，男僕告訴他們白金禧年演唱會即將要開始，帕丁頓熊對女王行禮後代表千千萬萬的群眾說：「**陛下，白金禧年快樂！也謝謝您為我們做了這麼多！**」

這個充滿幽默感的開場讓人想起十年前倫敦奧運開幕式，龐德到白金漢宮邀請女王參加，兩人同坐直升機前往會場從天上一躍而下的經典畫面。白金漢宮工作人員表示與帕丁頓熊的影片拍攝事前保密到家，連查爾斯跟威廉都不知道，當晚觀眾席上的喬治與夏綠蒂看到曾祖母與帕丁頓熊在螢幕上出現，又吃驚又興奮的模樣也是電視機前英國人民的寫照。

這場演唱會的高潮是洛．史都華爵士（Sir Rod Stewart）演唱《甜蜜卡洛琳》（Sweet Caroline），這首來自美國六十年代的老歌，幾乎所有英國人都會唱，是酒吧、球賽和婚禮上的定番，熟悉的旋律響起後，連八歲的小喬治也搖頭晃腦加入全場兩萬人的大合唱。演唱會的最後，無人機化成點點繁星在漆黑的倫敦夜空排出女王郵票、茶壺、柯基犬等圖案，最後打上「感謝您，女王」的字樣，整個畫面非常震撼也非常讓人感動。

然而，這場成功的演唱會似乎少了什麼？是的，就是女王本人因為身體不適無法出席。白金禧年一連四天的慶祝活動中有皇家閱兵式（Trooping The Colour）、聖保羅教堂感恩儀式、德比賽馬會、白金漢宮演唱會、大型午餐會、遊行和街頭派對等等慶祝活動。

女王在首日閱兵式的最後，與王室成員一起在白金漢宮的陽臺上，觀看約莫六分鐘的空軍飛行表演；當天晚上女王在溫莎城堡前按下按鈕點亮全英國的白金禧年紀念烽火；最後一天遊行結束後女王與查爾斯、卡蜜拉、威廉凱特一家再度站上白金漢宮陽台與群眾揮手致意，四天熱鬧滾滾接二連三的活動下來，女王就只有出現這幾次。

白金禧年代表女王已經坐在王位上七十年，正式成為英國數千年歷史上在位最久的君主，但她年歲已大也是不爭的事實。與十年前的鑽石禧年慶典很不一樣的是，這次慶典雖然大家沒說心裡也知道女王不可能繼續在位另個十年。鑽石禧年時的氣氛非常歡樂，女王跟親王率領皇室第二代、第三代出現在每場慶祝活動上向人民致敬與人民同歡，大家都在期待下個十年再幫女王慶祝；白金禧年時人民對女王的感謝更多，歡樂的氣氛裡有著淡淡的憂傷。

可人們再怎麼想，也想不到他們這麼快就要跟女王道別……慶祝完登基白金禧年約三個月後的九月八日英國時間晚上六點半，白金漢宮公佈女王伊莉莎白二世逝世，享壽九十六歲。「倫敦橋行動」（Operation London Bridge）這句全英國心照不宣的女王葬禮代號正式開始執行，也正式宣告前君主的離去及新君主的到來。

其實當天下午英國各大媒體就傳出皇室已經發出召集令，讓各路王室成員趕往蘇格蘭巴爾勒莫爾城堡見女王的消息，此時英國上下已經有不好的預感。女王年事已高，菲利浦親王去世後女王對親王的思念跟急速衰老，英國人都是看在眼裡的。從過去事事親力親為，到這兩年慢慢淡出公共事務，白金漢宮用循序漸進的方式讓英國民眾知道女王有天會跟大家道別。但人民還是一陣震驚，主要是兩天前女王還在工作，她召見自己在位期間的第十五位英國首相特拉斯，兩人握手的照片還熱騰騰地怎麼女王就不在了……

通常女王每年夏天會在巴爾勒莫爾城堡度過，那裡有她跟親王最喜歡的蘇格蘭高地風光，今年暑假結束後女王沒有返回溫莎城堡，她繼續留在蘇格蘭然後在那裏與世長辭[1]。女王到了人生盡頭還不忘她對蘇格蘭子民的愛，她的靈柩必須移回倫敦，在移靈途中女王有機會可以再見一次蘇格蘭風光再見一次她的蘇格蘭子民。

當女王的靈車離開巴爾莫勒爾城堡，沿途經過亞伯丁、鄧迪等村鎮時，數以萬計的群眾站在道路兩邊用各種方式向女王致哀，鄉間城裡不時響起蘇格蘭的風笛聲和人們對女王致謝的掌聲。

靈柩抵達荷里路德宮後，安妮公主陪同母親從愛丁堡機場乘飛機返回位於倫敦的西敏寺，西敏寺是英國政治的心臟，歷代國王與女王在西敏寺教堂接受加冕，一九五三年女王曾在這裡進行加冕儀式，她和菲力浦親王一九四七年也在此結婚。西敏寺大廳是西敏寺裡最古老的部分，建於十一世紀至今仍保留中世紀的木屋頂。女王的靈柩進入西敏寺大廳後蓋上王旗，放上帝國皇冠、寶珠和權杖，放置在靈柩台上開放給民眾瞻仰四天。

數十萬的民眾冒著寒風細雨沿著泰晤士河岸排隊等候見女王最後一面，芭芭拉看起來近七十歲，是位淡然優雅的婆婆，她的英文有濃濃美國腔，原來六十年代嫁給英國丈夫後她就移居倫敦，「**女王媽媽的遺容我沒瞻仰到，身體好的很的我那幾天竟然生病，這次絕對不能再錯過了。**」

巴基斯坦裔的斯凱克本來沒打算來排隊，但當天早上他覺得如果不來此生會後悔，就跟老婆說他要出門。他自己沒見過女王，但女王去巴基斯坦訪問時，他媽媽見過女王，所以他一定要來向女王致意。

退伍軍人格溫在寒風中已經排了十八個小時，他說：「**女王為我們服務七十年，就算二十四小時都下雨，我站在這裡等也不算什麼。**」長長隊伍中有人坐輪椅、有人拄拐杖、有人步履蹣跚、有人戴著勳章，進入西敏寺大廳瞻仰時有人拭淚、有人痛哭、有人鞠躬、有人撫心，大家都在悄然無聲中極力克制自己潰堤的情緒……

經過十天治喪期，女王國葬於九月十九日在西敏寺教堂舉行，國葬這天全英國為女王按下「停止鍵」。為了表達對女王的敬意，英國所有商店和餐館全天停業，旅遊景點和度假勝地閉門謝客，駕照考試和部分醫療服務被延後或取消，大城小鎮都變得空無一人、肅穆哀榮。在民主國家的英國，君主要贏得人民尊重得靠自己努力，人們對女王的尊敬和愛戴都是她在七十年裡一點一滴贏來的。

國葬當天，女王靈柩被置於皇家海軍的炮車上移送到西敏寺教堂，查爾斯國王與其他王室成員在炮車後跟隨在後。大笨鐘敲響象徵女王歲數的九十六聲鐘響，在西敏寺合唱團的歌聲裡女王靈柩緩緩進入教堂，大約有兩千名來自世界各國的皇室與政要共同見證這個歷史時刻。西敏寺教堂院長大衛．霍伊爾主持葬禮，英聯邦秘書長致詞後由英國首相讀聖經，坎特伯雷大主教主持佈道。

首相特拉斯發表講話前的合唱曲是女王特別委託創作的《像雄鹿一樣》（Like as the hart），其靈感來自於女王陛下堅定不移的基督教信仰，將《公禱書》中的詩篇改編而成；之後演唱的是一九四七年女王與親王婚禮上演唱的讚美詩《耶和華是我的牧者》（The Lord's my Shepherd）。皇室工作人員表示國葬上種種的安排，包括音樂的選擇都早已詢問過女王，而且每半年就要確認沒有變動。

西敏寺教堂葬禮結束後女王靈柩再次被抬上炮車，遊行到海德公園的威靈頓拱門，在此靈柩從炮車移到由女王參與設計的靈車中開往溫莎城堡。女王會安葬在溫莎城堡聖喬治教堂的喬治六世國王紀念禮拜堂中，這座小教堂是一九六二年女王親自委託建造，作為她父親喬治六世國王的墓地。

女王移靈途徑兩旁有不少民眾早在幾天前就開始紮營排隊，國葬當天早上八點不到已經擠得水洩不通，官方開始引導人群到海德公園等戶外大型公園收看電視直播，許多不能到場的民眾就在家裡收看轉播。據報導當天全球有超過四十二億觀眾收看女王喪禮轉播，打破了亞特蘭大奧運會開幕式的收看記錄。

到達溫莎城堡的聖喬治教堂後，放置在靈柩頂部的帝國皇冠、寶珠、權杖被取下象徵女王統治的結束。根據傳統，王室最高級別的總管宮務大臣（Lord

Chamberlain）在女王靈柩前折斷手持的禮儀白杖，表示替女王服務的終結。此時，溫莎風笛手緩緩吹響挽歌恭送女王靈柩進入地下墓室，她的靈柩將與菲利浦親王的靈柩並列和父親喬治六世、母親伊莉莎白皇太后、妹妹瑪格麗特公主安葬在一起。

很多人認為在君主立憲體制下的英國君主只是吉祥物、傀儡，但女王所擁有的真實權力其實顛覆大家認知；女王是國家元首也是三軍統帥，所有英國士兵都要宣誓效忠於她，她也有權宣戰及指揮軍隊。女王還有權可以任命與罷免首相、解散議會，否決議會通過的法案，伊莉莎白女王在位七十年有權不用，把畢生精力用在為人民服務上，正是她受人愛戴的原因。

一九五三年當二十七歲的伊莉莎白被加冕時，她接掌的是一個國力開始衰敗的大英帝國，對於君主制和國家需要適應二戰後的局勢、世界平等和獨立的價值觀以及殖民主義衰落的現實。年輕女王不但看見且謙虛接受，她知道英國不再是那個日不落帝國，取而代之的是將其前殖民地結合在一起的英聯邦，她一生積極維護英聯邦的完整與擴大英聯邦的影響力。

如此戰戰兢兢從未懈怠的女王在位期間，甚至在戴安娜過世皇室支持率最低時，主張廢棄君主立憲制的共和主義從未在英國得到多數支持。人們認同女王的真實與一致，無論國家或是皇室遇到什麼挫折和挑戰，女王始終忠於自己的價值觀，秉持原則，帶領大家安穩前行。在動盪不安的時代巨輪下，女王將英國社會團結起來，她的溫和和細膩永遠讓人民如此心安。「**悲傷是愛的代價**」（Grief is the price we pay for love）親王過世時女王如是說，女王過世時人們沉痛的悲傷也是愛的代價。

1 伊莉莎白女王二世是第一位在蘇格蘭過世的君主。

THE FUTURE

# 溫莎王朝的未來

回顧溫莎王朝百年歷史就是英國近代變遷的縮影，英國皇室必須在社會現代化的過程中與時俱進，又不能摒棄傳統核心價值。在伊莉莎白坐上王位時，日不落帝國的經濟與影響力已經開始衰退，各殖民地紛紛尋求獨立。在查爾斯坐上王位時，英國正面臨著數十年來最嚴重的通貨膨脹，高騰的物價侵蝕人民的幸福感。在威廉坐上王位時，溫莎王朝與英國又會面臨怎樣的挑戰？他該如何發揮君主的影響力帶領英國人民在動盪不安中安穩前行？

雖然查爾斯在母親伊莉莎白女王二世去世那一刻就成為英國國王，但還是要經過傳統認證儀式：王位繼承理事會（Accession Council）的詔告後才是名正言順的新國王。

王位繼承理事會由樞密院（Privy Council）、英國議會上下院前任和現任資深議員、資深公務員、各英聯邦成員國駐英高級專員以及倫敦金融城市長組成。女王一過世，理事會會員立即在聖詹姆士宮開會，由英國首相特拉斯任命的樞密院議長：保守黨議員彭妮．莫當特（Penny Mordaunt）宣佈女王去世。

之後理事會秘書宣讀查理三世國王為新君主、英聯邦元首和英國國教領袖的登基公告後，新王后（卡蜜拉）、新威爾斯親王（威廉）、坎特伯雷大主教、大法官、約克大主教和首相等人簽署公告，新國王入場發表演說表示自己深知這份偉大的傳承，以及君主的義務和重任；由於蘇格蘭以信奉天主教為主，與英格蘭國教不同，新國王還要宣誓保衛蘇格蘭教會。

王位昭告儀式在倫敦聖詹姆士宮的陽台上舉行，司儀朗讀聲明宣告查爾斯為新國王後高呼「上帝保佑國王」，英國國歌的歌詞再度由「上帝保佑女王」改回「上帝保佑國王」，此時海德公園、倫敦塔以及皇家海軍艦隊會鳴放禮炮向新國王致敬。

新國王繼位最具有象徵性的儀式是加冕典禮，屆時查爾斯會被正式授予王冠、寶珠跟權杖，由於典禮的籌備需要時間，通常不會在繼位後立刻舉行；伊莉莎白女王在一九五二年二月繼位，加冕典禮在一九五三年六月初舉行；查爾斯在二〇二二年九月繼位，加冕典禮在隔年五月初舉行。

依循傳統加冕典禮會在西敏斯特教堂舉行，由坎特伯雷大主教主持，雖然許多細節尚未公布但大方向已經確定。女王當年加冕儀式歷時三小時之久，查爾斯這次希望減少一些耗時的環節，將儀式縮短到一個半小時之內，到場觀禮的賓客人數也會從當年的八千人減到兩千人。不過最重要的儀式絕對不會省去，坎特伯雷大主教會為國王塗聖聖油、國王被授予象徵「騎士精神」的寶劍和金馬刺、象徵「真誠和智慧」的金手鐲及象徵「王權」的寶球和權杖。

查爾斯希望將登基大典規模縮小的原因一來是英國正經歷四十年來最嚴重的通貨膨脹，人民生活支出高騰，他不想在此時有皇室鋪張浪費的形象及批評；再來，建立一個更精簡化的皇室來減省支出一直是他的目標。查爾斯從一位害羞靦腆又自我懷疑的年輕人，到婚姻不快樂的中年人，踏入古稀之年後成為鎮定自若、頭髮花白的長者，現在才繼位的他絕對跟年輕時就繼位的他很不一樣。

作為英國君主制史上在位時間最久的王儲，查爾斯成為英國有史以來準備最充分、年紀最大的新君主，在他母親在位的漫長歲月裏一直陪在她身旁的查爾斯，有充分的時間去思考自己要變成怎樣的君主。年輕時他因為與戴安娜、卡蜜拉的一段情不被人民諒解，多年來人民也接受他的真愛本來就是卡蜜拉的事實；年輕時的他經常寫信遊說各政府部門和公共團體建言招致「干政」的批評，但年老接受採訪時他坦承自己坐上王位後就不會如此暢所欲言；年輕時的他熱衷於氣候變化和環境保護等議題，這些在當時顯得古怪的舉動如今看來卻出奇地與時俱進。

但是查爾斯不管再怎麼努力也不可能得到像他母親這麼高的支持跟愛戴，民意調查中喜愛度常年落後在女王及威廉之後的他也明白自己年事已高，只要安穩謹慎地遵循女王的行事風格，並且時不時提醒人民他是伊莉莎白的兒子，人民是會把對女王的愛移情到他身上的。

溫莎王朝的將來不會在年邁的查爾斯身上，而是在正值壯年的威廉一家身上。威廉在五十多歲就可以接王位的機率很高，從出生就被當作王儲栽培的威廉小時候跟弟弟哈利常被狗仔環繞，但自從母親戴安娜車禍過世後，英國皇室與媒體達成協議不要再肆意追逐兩兄弟，留給他們更多隱私跟私人空間，所以威廉一路到大學畢業都還算自由。

當威廉大學畢業從皇家海軍退役後就開始為期兩年的「國王培訓計畫」，課程包括在不同的政府部門工作以瞭解政府的運作方式、憲法專家的私人指導以及前首相約翰．梅傑爵士等樞密院議員的簡報。除此之外，他還要學習康沃爾公爵領地的管理，因為當查爾斯接任國王時，威廉就會接手康沃爾公爵領地。隨著時間推移，二十多歲的威廉也逐漸扮演皇室成員的要角，承擔越來越多的職責和慈善贊助，也會開始單獨進行海外參訪以便將來女王跟查爾斯年邁時可以代表他們出國。

或許當年與菲利浦婚後兩人一起住在馬爾他的自由生活讓女王感念很多，在威廉與凱特結婚後，女王沒有馬上徵召威廉成為全職皇室成員，她非常善解人意地讓小倆口有像一般小夫妻一樣的日常生活與相處時間。新婚後威廉跟凱特住在威爾斯的一棟小房舍裡，當時威廉的正職工作是英國皇家空軍飛行員。直到二〇一七年菲利浦親王因為身體因素退出皇室公務後，威廉才全職投入皇室工作。

喬治六世加冕時伊莉莎白才十一歲，伊莉莎白加冕時查爾斯才四歲多，查爾斯加冕時威廉已經四十歲，預期他不只會在加冕典禮上擔任重要角色，年邁的查爾斯想必有許多公務無法事必躬親，屆時也需要借助威廉不少。次子哈利與兒媳梅根出走美國，無心參與皇室工作，弟弟安德魯因為性侵案官司也淡出皇室，妹妹安妮雖然盡心盡力幫助哥哥但她的年歲必竟也大，威廉接手時會面臨一個很大的問題：比起女王有堂兄弟、子女及孫子女可以分擔公務，威廉的三個小孩還小，弟弟出走，堂兄弟姊妹也不積極參與皇室工作，他會面臨無人分擔龐大皇室公務的窘境。

好在，查爾斯當上國王後隨即拔擢小弟愛德華跟弟媳蘇菲為愛丁堡公爵及公爵夫人。新愛丁堡公爵夫人蘇菲也是平民嫁進皇室代表，遇到愛德華王子之前自己經營非常成功的公關公司。一九九九年嫁入皇室後女王這對最沒有存在感的兒子跟媳婦一看皇室成員眾多，自己應該不會分到太多工作再加上想要經營自己事業，就對皇室提出一邊做自己的事業一邊幫皇室打工的要求。

結果，現實總是很殘酷，愛德華開了製片公司想拍電影，來找他的金主都只希望他拍跟皇室有關的電影；蘇菲的公關公司沒多久就被小報記者喬裝的富豪設局，說要雇用他們但開會時偷偷錄下蘇菲批評當時首相布萊爾的話，引起一大波醜聞。皇室立馬招回兩人告訴他們一半在皇室一半做自己的事是不可能的，兩夫妻深思熟慮後決定當全職皇室成員，這也是為什麼當哈利與梅根跟皇室提出當皇室成員但也要經營自己事業時，馬上被女王否決，因為皇室早知道這只會是場災難。

愛德華跟蘇菲決定當全職皇室成員後真的是兢兢業業低調做事，數十年來從不計較閃光燈是不是在自己身上。蘇菲跟同為「皇室好媳婦」的凱特很合得來，常看到她們兩位出席活動時同框大笑的照片。哈利與梅根出走後，多出來的公務很多都落在愛德華跟蘇菲身上，兩人依舊不亢不卑低調做事。查爾斯冊封兩人為新任愛丁堡公爵與公爵夫人，除了實至名歸外，年紀小查爾斯很多的愛德華跟蘇菲絕對可以再幫威廉分擔許多年的公務。

除了皇室成員不足與斷層的隱憂外，英聯邦也會是威廉的大課題。英聯邦是伊莉莎白女王生前最看重的志業，英國君主除了英國外，還是另外十四個國家的元首，包括澳大利亞、加拿大、牙買加和紐西蘭等國。然而，過去幾年一些英聯邦國家開始調整他們與英國之間的關係，兩百多年前曾為英國殖民地的巴貝多（Barbados）在二〇二一年決定捨棄女王做為國家元首，成為共和國結束英國對自己國家數個世紀的影響。

威廉與凱特在二〇二二年慶祝登基白金禧年系列活動中代表女王出訪加勒比海的英聯邦國家：貝里斯（Belize）、牙買加（Jamaica）、巴哈馬（Bahamas）時，激起當地反殖民抗議和賠償奴隸的要求，牙買加總理安德魯・霍尼斯（Andrew Holness）甚至還當面告訴威廉，牙買加很有可能離開英聯邦。

在反殖民主義越來越高漲的時代，英國君主很難不直視這個國家曾經的殖民歷史，作為英國國王，威廉將來到訪英聯邦國家時要如何駕馭殖民和奴隸等歷史難題？如何與英聯邦重新塑造更符合現代的關係，將會是威廉的主要挑戰。

從女王成功的例子看來，君主身旁有沒有相知相惜一同努力的伴侶非常重要，這個重要的角色落在凱特身上，凱特有位最好的老師就是菲利浦親王。作為英國歷史上陪伴君主最久的伴侶，菲利浦很清楚這個角色需要怎樣的人格特質，女王傳記《伊麗莎白：親密肖像》的作者賈爾斯（Gyles Brandreth）在書中透露，菲利浦親王第一次見過凱特後跟他說：「**我鬆了一口氣，這個女孩頭腦非常冷靜。**」

作為君主伴侶必須要受歡迎，但又不能太受歡迎以免掩蓋君主的風采；要努力工作但不能過了頭讓君主看起來不夠努力；要開闢自己的道路但不能偏離君主太遠；這是一個要求克制自我並終生奉獻服務君主跟人民的角色。許多平民女子嫁入皇室後難免被皇室的種種特殊尊榮沖昏頭，菲利浦告訴凱特：「**要記得這些光環不是給我們個人的，不要因為有鏡頭所以才做事，媒體不是對我們有興趣，而是對我們代表皇室做的事有興趣，僅此而已。**」

低調優雅的凱特除了謹守菲利浦的智慧建議外，與威廉共同培育溫莎王朝的接班人也是很重要的任務。威廉與凱特有三個小孩，將來會接王位的是長子喬治，再來是夏綠蒂，由於皇室在他們第一位小孩出生前修改《王位繼承法》，不再只傳位給男生，所以夏綠蒂的繼承順位排在弟弟路易之前。這三位孩子雖然還小已經看出性格截然不同，喬治敦厚敏感，夏綠蒂大器活潑，英國人特別喜歡她因為在她身上看到女王的影子，路易調皮可愛。

如果回顧溫莎家的歷史，排在第二順位的接班人（瑪格麗特公主、安德魯王子、哈利王子）在成長過程中，既享有不比哥哥姐姐差的資源又不用擔負重責，可謂是天之嬌子（女），但在哥哥姐姐結婚生子後自己的王位繼承順位一直往後排時，會陷入找不到自己舞台及重要性的窘境，最後走上偏路醜聞不斷。如果沒有意外，喬治會是下下任國王，長公主夏綠蒂小小年紀就已經看得出來很懂事，倒是很受凱特寵愛的路易讓人比較擔心會不會因為恃寵而驕步上叔叔哈利、叔公愛德華的後路……

ROYAL LIFESTYLE

# 皇室的生活風格

## 女王早餐桌上讓人意想不到的器皿

伊莉莎白女王每天早餐桌上鋪著白色繡花亞麻餐巾，裝飾著從花園裡採來的鮮花，擺著精緻瓷器杯盤與擦到發亮的銀製刀叉。女僕在不遠處從電爐上拿起咖啡壺，將女王要喝的咖啡倒進銀壺裡後交給男僕；男僕抬著咖啡的托盤走幾步後再交給侍從將咖啡放置在早餐桌上。當所有畫面都非常符合大眾對皇室精緻生活的想像時，有樣器皿卻非常不協調地出現在餐桌上！女王吃的燕麥片竟然放在你我都會用的保鮮盒裡（Tupperware）！原來保鮮盒也是御用餐具，女王的家居生活也有普羅大眾的一面。

## 英國皇室超乎你想像的節省

經歷過第二次世界大戰以及戰後英國靠配給過生活的年代，伊莉莎白女王養成非常節儉的生活習慣，除了早餐吃麥片外，她也要求白金漢宮工作人員要隨手關燈。畢竟白金漢宮有七百七十五個房間，要是不隨時注意，每個月電費可能會相當驚人！此外在許多照片中也被發現，冬天時白金漢宮是用最簡單且最便宜的電暖爐（通常不是太暖）提供暖氣，而不是用現代化的昂貴供暖系統，黛安娜王妃曾經私下抱怨白金漢宮裡面真的好冷。女王也常被發現舊衣新穿，通常造型師安琪拉（Angela Kelly）會將這些質料很好的衣服稍作改變後，讓女王再次穿著登場。女王的女兒安妮公主更是皇室舊衣新穿的典範，許多的衣服、配件、皮包、帽子常常都用超過三、四十年；安妮公主體型管理也非常好，從年輕到現在（超過七十歲）都維持十號尺碼，所以這些衣服才能一穿再穿。

## 皇室成員最愛餐點在戈陵酒店（Goring Hotel）

在英國，新娘結婚前一晚是住在飯店裡，第二天從飯店裡出嫁。凱特王妃結婚時入住的是白金漢宮旁邊與皇室很有淵源的戈陵酒店（Goring Hotel）。這家酒店在喬治六世（女王爸爸）加冕大典時冠蓋雲集，眾多皇室貴賓都入住於此。戈陵酒店也是女王媽媽最喜歡的酒店，太后最喜歡的菜是「蛋黃醬明蝦雞尾酒」（Eggs Drumkilbo）。這道菜是將新鮮的蟹肉、蝦肉與蛋黃醬拌攪後，佐以多汁的龍蝦片、軟鵪鶉蛋、薄片蘿蔔、小黃瓜塊、青蘋果、透明番茄果凍、魚子醬，並以新鮮香草裝飾。不僅擺盤好看，口味也在濃郁和新鮮之間取得完美平衡。安德魯王子婚宴上也有這道菜，現在到戈陵酒店還是點得到這道皇室料理喔。

The Goring Hotel—— https://www.thegoring.com/

## 伊莉莎白女王最喜歡的餐前酒

經將一份[1]琴酒與兩份的杜邦內（Dubonnet）倒入杯中，加入半片檸檬切片，放進兩塊大冰塊壓住檸檬後，女王最喜歡的餐前酒就完成了。杜本內是用草藥和香料調製的法國開胃甜葡萄酒，價格親民。女王本來偏好用高登琴酒（Gordon's Gin）來調製這款餐前酒，但自從白金漢宮自己生產琴酒後，所有國宴上都使用自家琴酒。白金漢宮琴酒裡面用來萃取風味的柑橘、檸檬馬鞭草、山楂果和桑葉都來自白金漢宮的花園，玻璃瓶上金色的圖繪將這些植物栩栩如生地畫出，背面是白金漢宮，設計非常優雅。這款皇室琴酒在白金漢宮官網上可以買到。

Buckingham Palace Gin——https://royalcollectionshop.co.uk

## 白金漢宮裡的神祕推門

白金漢宮跟華麗的凡爾賽宮比，外觀真的遜色非常多，很難理解這棟簡樸的建築物為何會是皇居。平時不對外開放的白金漢宮，每年七到十月會開放給民眾進入參觀平時皇室用來舉辦國宴和舉行授勳典禮的各個國事廳（State

1　一份為二十五毫升。

Room）。裡面金碧輝煌的程度絕對會讓你瞠目結舌，見證日不落帝國的輝煌與奢華。這些國事廳裡最精緻典雅的是白廳（White Drawing Room），裡面家具以金色系為主，天花板垂下來的水晶燈有兩百公分高。如此金光閃閃的裝潢不見俗氣卻非常雅緻，看得出皇室的好品味。白廳最有名的是神祕暗門，房間正中央的大壁爐上掛著女王曾祖母亞歷山德拉王后的畫像，左邊牆上的鏡子推開後，竟然是通到女王私人小客廳的一扇密門。白廳通常是會見女王的賓客最先到達的國事廳，當所有賓客到齊後，女王會從這道神祕大門走出來跟大家打招呼。

Visit Buckingham Palace——https://www.rct.uk

## 溫莎城堡必訪景點

溫莎城堡是另一座皇家居所，這座有千年歷史的城堡是女王從小長大的地方，也是她視以為家的城堡。從倫敦滑鐵盧火車站出發大概一小時的車程就可以到達溫莎，從火車站大概走十分鐘可到溫莎城堡。溫莎城堡裡有許多皇室收藏的寶物可以參觀外，城堡旁邊的聖喬治教堂也千萬不能錯過。這座教堂是英格蘭最好的哥德式建築之一，參觀時一定要抬頭欣賞由亨利八世打造打造的錯綜複雜扇形拱柱天花板外，也千萬不要錯過女王與菲利浦親王的紀念墓碑。女王在西敏寺教堂舉行完葬禮後，移靈至此，與丈夫菲利浦親王、爸爸喬治六世、媽媽伊莉莎白皇太后，妹妹瑪格麗特公主一同永眠在聖喬治教堂的皇家地下墓室中。

Visit Windsor Castle ——https://www.rct.uk

## 女王的皇冠（Tiara）

Crown 與 Tiara 翻成中文都是皇冠，但在英文裡意思完全不一樣。Crown 指的是象徵王權的皇冠，例如英國君主在加冕大典上會配戴的帝國皇冠（The Imperial State Crown）與聖愛德華皇冠（St. Edward's Crown），請參考第五篇「欲戴皇冠先承其重」；而大家想像中平常女王與皇室女性成員戴著參加婚禮或是晚宴的皇冠是 Tiara。本書封面女王戴的是非常有名的「大不列顛和愛爾蘭女孩皇冠」（Girls of Great Britain and Ireland Tiara）。這頂皇冠（Tiara）是一八九三年大不列顛和愛爾蘭的女孩們募款集資後向珠寶商傑拉德（Garrard）買來送給女王奶奶（瑪麗皇后）的結婚禮物，一九四七年瑪麗皇后再把它作為結婚禮物送給當時還是公主的孫女伊莉莎白。在女王擁有的眾多皇冠中，這頂皇冠是她最喜歡也是最常戴的，她暱稱它為「奶奶的皇冠」。伊莉莎白坐上王位後的首張官方照（本書封面照片）也是戴著這頂皇冠，照片裡的年輕女王側臉望向鏡頭，她不知道今後的人生有多長挑戰有多難，可是她的內心非常平靜也非常堅定。這張照片是女王最經典的照片，後來英國政府還將這張照片放在英鎊上。

## 女王加冕大典中的威士忌

一九五三年慶祝伊莉莎白女王加冕大典，起瓦士兄弟酒廠（Chivas Brothers）推出「皇家禮炮」（Royal Salute）頂級調和威士忌。這款威士忌的發想緊扣皇室（Royal）主題，Salute 有致敬的意思，也是每年英國君主生日與皇室重要慶典時，皇家海軍艦隊會對空鳴放的禮炮。時隔七十年，二〇二三年查爾斯國王加冕大典前，皇家禮炮在歷代君主舉行加冕大典的西敏寺教堂內發表「查理三世加冕限量款」。威士忌的外盒設計是西敏寺教堂內著名的玫瑰花窗，禮盒內手繪加冕大典時國王將被授予象徵王權的權杖、寶球、裝著聖油的金鷹（Ampulla），英格蘭國花玫瑰、蘇格蘭國花薊花、威爾斯國花水仙及皇家徽章上代表英格蘭的獅子與蘇格蘭的獨角獸，典雅中透露出王權的威嚴。這款珍貴的威士忌調和超過五十三家酒廠的威士忌，以五十三％的酒精濃度上市，在種種細節中仍不忘向一九五三年加冕的伊莉莎白女王致敬。英國文化中讚許的奢華是低調細膩、重視細節、尊重傳統、代代相傳，皇室的核心價值也正是如此。

## 女王的柯基犬與愛馬

在女王的許多照片中，女王的柯基犬常會入鏡。根據成功潛入皇室，應徵上白金漢宮男僕一職，實際觀察皇室生活作息的英國《鏡報》記者萊恩（Ryan Parry）報導，女王每天早餐吃放在保鮮盒的麥片，餐桌上的吐司她會塗上薄薄的果醬後給在桌下等待的柯基犬。女王一生總共有三十隻柯基犬，第一隻柯基犬是七歲時爸爸送她的生日禮物，名叫 Dookie。除了柯基犬外，女王對馬的喜愛也是眾所皆知。每年的皇室公務行程絕對會避開皇家賽馬會與德比賽馬會，因為女王不想錯過她最期待的賽馬盛會。女王的第一匹小馬 Peggy 是爺爺喬治五世送她的禮物，直到九十多歲還會在溫莎城堡公園裡騎馬蹓躂，女王小時候跟她的馬術教練說，自己長大後的夢想是要住在鄉間並且養很多狗跟馬。可惜長大後，小伊莉莎白想住在鄉下的夢想沒有實現，但養很多柯基犬跟馬的夢想有成真。曾有皇室工作人員請問女王為何如此喜歡柯基犬跟馬，女王的答案非常有深意，她說因為全世界只有牠們不知道我是女王，對待我就跟對普通人一樣。

# 凱特王妃用的保養品

優雅的凱特王妃是新一代皇室偶像，嫁入皇室後，不管儀態、氣質與氣場都一直在向上提升，每次現身時的穿著總是高雅又端莊，成為話題。凱特王妃和與生俱來很有時尚品味，常在穿搭中加入自己巧思的婆婆黛安娜王妃不一樣，凱特王妃所有的穿著打扮都是遵照造型師的建議（這點跟女王一樣）。不過在保養品方面，凱特王妃就有自己慣用的品牌，而且價格沒有大家想像中的高不可攀。凱特喜歡使用可以淡化曬斑且舒緩乾燥皮膚的玫瑰果油（Rosehip Oil），Trilogy 的有機玫瑰果油是她常用的品牌，一瓶大約 20 英鎊；洗髮精她常用的是可以讓頭髮柔軟又蓬鬆的卡詩柔順洗髮精（Kerastase Discipline Bain Oleo Relax Smoothing Shampoo）；克蘭詩（Clarins）的偏粉裸色系唇彩也是凱特的常用品；指甲油的話，由於女王希望皇室女性成員擦裸色或粉色系指甲油，Essie Ballet Slippers 是女王跟凱特都使用的。

2AF364

# Queen 溫莎王朝

## 誕生與傳承，你所不知道的英國皇室秘辛

| | |
|---|---|
| 作者 | Lisa Huang |
| 責任編輯 | 單春蘭 |
| 封面 / 內頁設計 | 任宥騰 |
| 插畫 | 吳宏信 |
| 行銷企劃 | 辛政遠、楊惠潔 |
| 總編輯 | 姚蜀芸 |
| 副社長 | 黃錫鉉 |
| 總經理 | 吳濱伶 |
| 執行長 | 何飛鵬 |
| 出版 | 創意市集 |
| 發行 | 城邦文化事業股份有限公司<br>歡迎光臨城邦讀書花園網址：<br>www.cite.com.tw |

香港發行所

城邦（香港）出版集團有限公司
香港灣仔駱克道 193 號東超商業中心 1 樓
電話：(852) 25086231
傳真：(852) 25789337
E-mail：hkcite@biznetvigator.com

馬新發行所

城邦（馬新）出版集團 Cite (M) Sdn Bhd
41, Jalan Radin Anum, Bandar Baru Sri Petaling,
57000 Kuala Lumpur, Malaysia.
電話：(603) 90578822
傳真：(603) 90576622
E-mail：cite@cite.com.my

客戶服務中心

10483 台北市中山區民生東路二段 141 號 2F
服務電話：（02）2500-7718、（02）2500-7719
服務時間：週一至週五 9：30 ～ 18：00
24 小時傳真專線：（02）2500-1990 ～ 3
E-mail：service@readingclub.com.tw

※ 若書籍外觀有破損、缺頁、裝釘錯誤等不完整現象，想要換書、退書，
或您有大量購書的需求服務，都請與客服中心聯繫。
※ 詢問書籍問題前，請註明您所購買的書名及書號，以及在哪一頁有問題，以便我們能加快處理速度為您服務。

製版印刷　凱林彩印股份有限公司
初版 2 刷　2023 年 5 月
ISBN　978-626-7149-88-1（紙本）／
978-626-7149-91-1（EPUB）
定 價　新台幣 380 元（紙本）／
266 元（EPUB）／港幣 127 元

廠商合作、作者投稿、讀者意見回饋，請至：
FB 粉絲團：http://www.facebook.com /InnoFair
E-mail 信箱：ifbook@hmg.com.tw

Cover Credit:CAMERA PRESS/Dorothy Wilding

國家圖書館出版品預行編目 (CIP) 資料

Queen 溫莎王朝：誕生與傳承，你所不知道的英國皇室秘辛 / Lisa Huang 著
創意市集出版：城邦文化事業股份有限公司發行 2023.05
— 面； — 公分（囍．生活）

ISBN 978-626-7149-88-1(平裝)
1.CST: 家族史 2.CST: 英國

784.17　　112004908